T0161656

PSEUDO - SALLUSTE

LETTRES À CÉSAR
INVECTIVES

COLLECTION DES UNIVERSITÉS DE FRANCE
publiée sous le patronage de l'*ASSOCIATION GUILLAUME BUDÉ*

PSEUDO-SALLUSTE

LETTRES À CÉSAR

INVECTIVES

TEXTE ÉTABLI, TRADUIT ET COMMENTÉ

PAR

Alfred ERNOUT

Membre de l'Institut

Troisième tirage

PARIS

LES BELLES LETTRES

2003

Conformément aux statuts de l'Association Guillaume Budé, ce volume a été soumis à l'approbation de la commission technique, qui a chargé M. Jacques André d'en faire la révision et d'en surveiller la correction en collaboration avec M. Alfred Ernout.

© 2003. Société d'édition Les Belles Lettres
95 boulevard Raspail, 75006 Paris
www.lesbelleslettres.com

Première édition 1962

ISBN : 2-251-01224-9
ISSN : 0184-7155

INTRODUCTION

Dans la préface du Salluste que j'ai publié en 1947, j'ai indiqué brièvement, dans le chapitre intitulé les *Pseudo-Sallustiana*, p. 33 et s., les raisons qui m'avaient conduit à exclure les *Epistulae ad Caesarem senem de republica*, et les *Inuectiuae Sallustii in Tullium* et *M. Tullii in Sallustium* des œuvres authentiques de l'historien. Je ne faisais qu'intervenir à ma date dans un long débat qui, ouvert en 1537 par Corradi et repris par Juste Lipse et Carrion en 1617 — les premiers qui se prononcèrent dans l'édition de Gruter pour l'inauthenticité de ces textes —, s'est poursuivi jusqu'en ces dernières années, sans que la controverse ait abouti à une solution unanimement adoptée. Juste Lipse et Carrion ne paraissent pas avoir rallié à leur thèse beaucoup de partisans, — déjà J. Douza l'avait repoussée — et jusqu'au milieu du XIXe siècle, les éditeurs continuèrent de faire figurer traditionnellement sous le nom de Salluste les Lettres à César, et même les Invectives ou du moins l'Invective contre Cicéron, — celle de Cicéron contre Salluste étant, naturellement, hors de cause — même si, comme à F. Gerlach et à J. C. Orelli, l'authenticité leur en semblait douteuse. Ce fut le philologue allemand Henri Jordan qui, dans une dissertation publiée à Berlin en 1867, intitulée *De Suasoriis ad Caesarem senem de re publica*, rassembla et classa méthodiquement tous les arguments, stylistiques ou historiques, qui, selon lui, démontraient le caractère apocryphe de ces œuvres, et permettaient de les dater « inter Vespasiani et Hadriani tempora ». En conséquence, il inséra, dans son édition de Salluste (Berlin, 1e 1866, 2e 1876, 3e 1886), les *Epistulae ad Caesarem senem de r. p.*

et les *Inuectiuae*, sous le titre, les *Epistulae*, de « *Incerti
rhetoris suasoriae* » (faisant du reste de la première un
« discours », *Oratio*, et non une lettre), les *Inuectiuae*, de
« *Incerti rhetoris controversiae* ». Si les philologues con-
sentirent sans difficulté à retirer à Salluste les *Invectives*
— seuls quelques isolés continuèrent à revendiquer pour
lui l'Invective contre Cicéron[1] — la plupart (non toutefois en France L. Constans et R. Pichon) refusèrent
de lui enlever la paternité des *Epistulae* et s'ingénièrent à
trouver, pour la lui maintenir, des raisons d'ordre historique ou philologique. R. Poehlmann[2], non sans quelque
hésitation, Ed. Meyer[3], plus affirmatif, furent les repré-
sentants les plus illustres de la première tendance, insis-
tant surtout sur l'exactitude des événements que rappelle
l'auteur des Lettres, et sur leur valeur comme document
historique, là où Jordan avait vu « praeter paucissima
quaedam, summa exilitas atque adeo errores nonnulli
pueriles » (Praef. ed. secundae, p. XIV). A. Kurfess, qui
publia en 1920 une édition séparée des *Epistulae*, se dit
persuadé que ce sont là les « premiers essais de Salluste »
primitiae Sallustianae, tout en publiant une bibliographie
où il distingue impartialement par les signes + ou — les
partisans ou les adversaires de l'authenticité[4]. D'autres

1. Voir notamment en dernier lieu SALLUSTIO MINORE,
Invectiva in Ciceronem, Epistulae ad Caesarem de Domenico
ROMANO, Palerme, A. Renna, 1948, p. IX-XX.
2. R. POEHLMANN, *Zur Geschichte der antiken Publicistik*,
Stzb. d. Akad. d. Wissensch., München 1904, p. 3-79 et *An
Caesar* l *Ueber den Staat*, Aus Altertum u. Gegenwart,
N. F. III, München, 1911, p. 184-276.
3. Ed. MEYER, *Cäsars Monarchie u. das Principat des Pom-
peius*, Berlin, 1918 et 1922, p. 348-364 et 388-399 ; 563-588.
4. Appendix Sallustiana ed. Alph. KURFESS, Fasc. prior *C.
Sallusti Crispi Epistulae ad Caesarem senem de re publica*,
Leipzig, Teubner, 1920. Ce fascicule a eu 5 éditions, la dernière
datant de 1959, « corrigées et augmentées », munies d'une
bibliographie mise à jour, et d'*Indices*.
M. KURFESS, auteur d'une dissertation publiée à Berlin en

voix sont venues apporter de nouveaux arguments à la thèse sallustienne. Dans cette abondante littérature, où, naturellement, les redites sont nombreuses, je me contenterai de signaler la dissertation de O. Gebhardt[1], qui notamment découvre dans Dion Cassius (43, 9, 2) un passage décisif en faveur de l'authenticité et voit d'autre part dans les Lettres non pas des rédactions purement imaginaires, mais des œuvres de circonstance faites pour servir la politique de César. D'autres érudits, éclectiques, comme Klotz, L. A. Post et H. M. Last, se prononcent en faveur d'une seule des deux lettres, mais sont en désaccord sur le choix : Klotz et Post se prononcent pour la seconde lettre (chronologiquement la plus ancienne), H. Last pour la première[2] ; diversité d'opinion qui ne laisse pas d'éveiller la méfiance.

Outre les historiens, les philologues ont invoqué des similitudes de langue et de style entre les Lettres et les autres œuvres non contestées de Salluste, pour tirer de ces concordances la preuve que seul Salluste pouvait être

1913, *De Sallustii in Ciceronem et invicem invectivis*, avait déjà publié en 1914 une édition des *Invectivae* où il mettait prudemment entre crochets droits le nom de Salluste : [Sallvsti]. Deux nouvelles éditions en ont paru, l'une en 1948, l'autre en 1958, avec des indications bibliographiques, des *Indices*, et un fragment de Dion Cassius l. XLVI comparable à certains passages de l'Invective contre Cicéron. Dans les dernières éditions des *Epistulae* (1955 et 1959), M. KURFESS ne croit plus aussi fermement à leur authenticité : « Nunc haesito » écrit-il.

1. *Sallust als politischer Publizist während des Bürgerkrieges. Zwei offene Briefe an Cäsar*, Halle, 1920.

2. A. KLOTZ, *Miszellen zur röm. Literaturgesch., Sallusts politische Flugschriften*, Philol. Wochenschr. 1923, 261 sq.

L. A. POST, *The second Sallustian Suasoria*, Class. Weekly 27 (1927-1928) 19 sqq.

H. LAST, *On the Sallustian Suasoriae*, Class. Quart. 17 (1923), 87-100, 151-162 ; *Ibid.* 18 (1924), 84. Après avoir soutenu comme « almost conclusive » l'évidence de l'authenticité, il a exprimé depuis « a greater scepticism » (*Mél. Marouzeau*, 1947, p. 357).

l'auteur des Epistulae. La détection de ces ressemblances
a été poussée avec une sagacité minutieuse par trois
érudits scandinaves, B. Edmar, G. Carlsson, de Lund, et
E. Skard, d'Oslo[1], qu'avaient précédés du reste une Alle-
mande, Mme Anna Holborn-Bettmann dans sa dissertation
datée de 1925[2], où le problème de la langue était traité
avec d'autres, et W. Kroll[3]. Ces recherches ont été con-
densées dans les *Indices* de Kurfess qui classent : I, *Index
nominum* ; II, *Index archaismorum* ; III, *Conspectus
sententiarum* ; IV, *Congruentiae Sallustianae*, avec un
supplément où, par excès de scrupule, l'éditeur a mentionné les expressions qui « bien que ne figurant pas dans les
œuvres historiques, lui paraissent néanmoins être « sal-
lustiennes »[4]. En contrepartie il conseille au lecteur de
lire dans la dissertation de Mme Holborn les mots des
Epistulae qui ne se trouvent pas dans les autres écrits de
Salluste, et dans Jordan, les termes que celui-ci juge
« indicia aevi posterioris »[5]. Cette abondance d'opinions
et de jugements contradictoires, les uns *pro* les autres

1. B. EDMAR, *Studien zu den Epistulae ad Caesarem senem
de re publica*, Lund 1931, dont la conclusion est nuancée, mais
finalement favorable à l'authenticité.
  É. SKARD, I, *Index uerborum quae exhibent Sallustii epistulae ad Caesarem*, Symb. Osl., fasc. suppl. III, Oslo 1930 ;
II, *Sallust als Politiker*, Symb. Osl. IX, 1930, 69-95 ; III,
Studien zur Sprache der Epistulae ad Caesarem, Ibid. X,
1931, 61-98.
  G. CARLSSON, *Eine Denkschrift an Cäsar über den Staat,
historisch-philologisch untersucht*, Skr. Vetensk.-Soc. Lund,
19, 1936. Celui-ci traite aussi de la date de la Lettre II qu'il
fixe à l'année 51.
2. *De Sallustii epistulis ad Caesarem senem de re publica*,
Berlin.
3. W. KROLL, I, *Sallusts Staatschriften*, Hermes, 62, 1927,
p. 373 sqq. ; II, *Die Sprache des Sallust*, Glotta, 15, 280-305.
4. *Praeterea hae voces, etsi in libris historicis non leguntur,
tamen vere Sallustianae mihi videntur esse.*
5. *Ceterum velim perlegas, quae Holborn scripsit* (1.1. p. 26 s.)
*de epistularum vocabulis, quae alibi in Sallustii scriptis non
occurrunt, deque iis, quae Jordan indicia ducit aevi posterioris.*

contra, sans compter les neutres[1], a été utilisée dans l'étude sur *Les Lettres de Salluste à César* due à un professeur au collège de Genève, M. Marc Chouet, qui l'a publiée dans la Collection d'Études latines, Série scientifique XXVI, Paris, Les Belles Lettres, 1950. Ce pesant et consciencieux travail, qui commence par une bibliographie comptant 58 numéros, n'a pas moins de 129 pages réparties en dix chapitres : I, Le manuscrit, p. 1 ; II, Les témoignages des anciens, p. 4 ; III, La langue et le style, p. 9 ; IV, Les concordances, p. 45 ; V, La composition, p. 66 ; VI, La date, p. 73 ; VII, Les idées philosophiques et morales, p. 79 ; VIII, Les idées politiques, p. 89 ; IX, Salluste et César en 50, p. 100 ; X, Salluste et César en 46, p. 115. Et de cet ensemble de « preuves » de valeur inégale et parfois contestable, l'auteur conclut qu'«.un tel faisceau de constatations parallèles ne laisse subsister aucun doute sur l'authenticité des *Epistulae* » et que leur importance historique suffit pour « conférer une valeur capitale à ces ouvrages si longtemps méconnus » (p. 125 et 126).

Mais il est des morts qu'il faut qu'on tue. La démonstration de l'authenticité que M. Chouet croyait décisive ne suffit pas à réduire ses adversaires ; la querelle continua même après 1950, et par un retour d'opinion assez fréquent dans ces sortes de controverses, la thèse qui se refusait à voir dans Salluste l'auteur des deux Lettres et de l'Invective contre Cicéron trouva de nouveaux parti-

---

1. Notamment Carl Hosius dans la 4e édition (*a.* 1927) de la *Gesch. d. römischen Literatur* de M. Schanz, tome I, p. 373, qui après avoir esquissé « die Geschichte des Problems » conclut « Doch neigt sich auch hier die Wage entschieden zugunsten der Echtheit ». Même conclusion prudente à propos de l'*Invective* contre Cicéron, *Ibid.*, p. 372 : « Im ganzen hat der Glaube an Echtheit hier entschieden an Boden gewonnen. Der Stilunterschied gegenüber den andern Schriften Sallusts kann ebensowenig wie bei Tacitus ein Gegenmoment ausmachen ».

sans qui apportèrent à la défendre des arguments complémentaires.

C'est ainsi que A. Dihle dans un article du *Museum Helvet.*, XI, 1954, 125-130, *Zu den Epistulae ad Caesarem senem*, examinant quatre passages des *Epistulae*, II, 1, 3 ; I, 8, 2 ; I, 5, 2 ; I, 5, 5, montra l'impossibilité de les attribuer à Salluste ; que, selon R. G. M. Nisbet, *The invective in Ciceronem and Epistula secunda of Pseudo-Sallust*, Journ. of rom. Stud., XLVIII, 1958, la Lettre serait dérivée de l'Invective, et toutes deux seraient inauthentiques. Mais c'est surtout M. Romuald Syme, l'éminent historien du Haut-Empire, auteur d'un livre magistral sur Tacite (*Tacitus*, Oxford, 1958, 2 vol. 856 p.) où il compare le vocabulaire de Salluste avec celui de Tacite (p. 722-732), qui, dans une étude décisive intitulée *Pseudo-Sallust* (Mus. Helv., XV, 1958, 46-55), exposa les raisons qui l'empêchaient d'attribuer à Salluste les œuvres contestées. Selon lui, les *Suasoriae* sont de deux auteurs différents, la seconde étant inférieure à la première — on sait que chronologiquement elles sont inversées dans le manuscrit — et l'utilisant largement. En outre la seconde contient un anachronisme non relevé jusqu'ici, qu'on ne peut imputer à Salluste, en faisant un *nobilis* de M. Favonius (*Ep.* II, 9, 4 ; cf. Real-Encycl. de *P. W.*, VI, 2074-6) dont le nom même révèle la *novitas*. Cette lettre pourrait être un exercice d'école de l'époque des Antonins. Quant à la première, si elle est de 46 avant J. C., son style même plaiderait contre son authenticité, Salluste n'ayant créé son style propre qu'après l'assassinat de César : personne ne pouvait écrire « sallustien » avant cette date. J'avoue que cet argument me touche moins, car, si nous avons assez d'œuvres de dates différentes pour juger de l'évolution du style de Tacite, il ne nous reste aucun écrit authentique de Salluste qui soit antérieur à sa retraite. M. Syme rappelle en outre que de tout temps, à Rome comme à

Athènes, les faux et les plagiats en littérature ont abondé, que les écrits apocryphes y pullulent, païens ou chrétiens : qu'on songe seulement à la Correspondance entre Sénèque et saint Paul. Dans les œuvres de Cicéron se sont glissées des contrefaçons de toute nature : telle la *Lettre à Octavien* « über dessen Unechtheit kein Zweifel sein kann »[1], comme lui-même de son côté composait des discours pour d'autres ; il n'a même pas hésité à falsifier un édit du tribun de la plèbe L. Racilius dirigé contre Clodius[2]. Il circulait aussi sous le nom de Catilina et d'Antoine des invectives contre Cicéron où sa qualité d'« homme nouveau » lui était reprochée[3]. Un certain Cestus Pius avait écrit une contrepartie du *pro Milone* ; César passait pour l'auteur de certains discours inventés de toutes pièces (cf. Suétone, *Diu. Iul.*, 55, 3). A la même époque Dellius, que Messalla Corvinus appelle le « sauteur des guerres civiles », composait des lettres galantes à Cléopâtre[4]. Ces quelques exemples suffisent à montrer combien le faux était chose courante, et quelle place y tenaient Invectives et Suasoires ; les *Héroïdes* d'Ovide témoignent de la vogue du genre épistolaire. Qu'à l'époque impériale, au temps où florissaient les Lectures publiques et les écoles de

1. Cf. SCHANZ-HOSIUS, *Gesch. d. röm. Liter.*, p. 423, 446 sq., 477, 523 (notamment à propos de l'épitaphe *Tulliola mea filia unica* CIL VI, 5, 3593), 526, 548, 549, 632.
2. *Extat libellus eiusdem Ciceronis, qui ita inscribitur* : *Edictum L. Racilii tribuni plebis* (ad Q. fr. 1, 1, 3) *quod sub nomine ipsius Cicero scripsit in inuectionem P. Clodi.* Schol. Bob., p. 166, 2 St.
3. Cf. les Commentaires d'Asconius, § 84 : « *Huic orationi Ciceronis* (In toga candida) *et Catilina et Antonius contumeliose responderunt, quod solum poterant, inuecti in nouitatem eius. Feruntur quoque orationes nomine illorum editae, non ab ipsis scriptae sed ab Ciceronis obtrectatoribus : quas nescio an satius sit ignorare.* (Q. Asconii Pediani Orationum Ciceronis quinque enarratio, rec. A. C. CLARK, Oxford, 1907).
4. *Dellius, quem Messalla Coruinus desultorem bellorum ciuilium uocat,... cuius epistulae ad Cleopatram lasciuae feruntur...* Seneca rhet., Suasor. I, 7.

rhéteurs, où sévissait aussi la manie archaïsante, l'inimitié entre Salluste et Cicéron, l'attachement du premier
à la politique de César, aient fourni des sujets rêvés pour
pasticheurs habiles, il n'y a pas lieu de s'en étonner.
Salluste a toujours été beaucoup lu pendant l'Empire.

Enfin il est peu vraisemblable que Salluste, s'il est bien
l'auteur des Lettres, après avoir écrit une première *Epistula* à César pour l'informer de la situation politique à
Rome vers l'an 49 — comme si César l'ignorait (*Ep.*, II,
2, 2) —, ait éprouvé le besoin d'en écrire une seconde vers
l'an 46 pour lui donner des conseils sur la politique à
suivre et les réformes à accomplir. On y trouve des répétitions singulières (*Ep.* I, 1, 1 = II, 1, 1 ; I, 7, 2 = II,
5, 8), des souvenirs de l'Invective contre Cicéron (*Ep.* II,
9, 2 = *Inu.*, 3, 5) qui dénoncent le plagiat. Si Salluste
avait cru devoir servir de mentor à César, il lui eût suffi
d'une seule lettre. Mais Salluste semble avoir été peu
désigné pour cet office, et César, peu soucieux de l'écouter.

Pour compléter cette démonstration, il reste à présen-
ter quelques remarques, que j'ai du reste indiquées brièvement dans mon édition de Salluste. Une d'abord sur le
titre des *Epistulae*. Elles figurent dans le même manuscrit
Vaticanus 3864, après les Lettres et Discours tirés des
Histoires, mais, contrairement à ces textes, elles ne
portent pas le nom de Salluste. De plus la présence du
mot *senem* décèle l'exercice d'école opposé implicitement
à un autre *ad Caesarem iuuenem* ou *iuniorem* (cf. par ex.
Nonius, 288, 24, l'*Index auctorum* du Nonius de Lind-
say, p. 940 et Schanz-Hosius, *op. cit.* I, p. 477, n. 2).
Si Salluste était l'auteur de ces œuvres, il se serait
borné à les intituler *Epistulae ad Caesarem*. Autre fait
singulier. Alors que les autres ouvrages authentiques de
Salluste sont abondamment cités du premier au sixième
siècle de notre ère par les écrivains les plus divers, que

même l'invective contre Cicéron est connue de Quintilien, on ne trouve nulle part aucune mention des *Epistulae*, et les allusions qu'on a cru trouver à ces textes chez Aulu-Gelle (*N. A.*, 17, 18), Suétone, *De grammaticis*, ch. 15, Dion Cassius (43, 9, 2) sont peu probantes. A ces raisons externes s'ajoutent les preuves internes, tirées de la langue et du style, de la valeur historique, des idées politiques et morales. Les ressemblances entre « l'écriture » des Lettres et celle des ouvrages authentiques sont nombreuses et indiscutables, et les parallèles établis par M. Chouet après Skard et d'autres forment un total, à première vue, impressionnant. Mais tout n'est pas de la même veine dans ces rapprochements. Les archaïsmes dont sont parsemées les Lettres sont suspects d'avoir été fabriqués en partie (ainsi *ipseius*, *Ep.* II, 6, 5 ; *quom* = *cum* préposition, I, 6, 5 ; 7, 4 ; *inuisier*, *Ep.*, II, 12, 7) ; d'autres graphies, qualifiées d'archaïques, par ex. *aduorsum, uolgi, haut, apsoluei, optinebat, pleps* sont courantes jusque sous l'Empire, et il est arbitraire de les classer parmi les formes désuètes recherchées par Salluste. De même des mots ou des expressions sont d'un type si usuel qu'ils n'ont rien de particulier à cet auteur ; même les *sententiae* sont une façon d'exprimer la pensée enseignée dans les écoles et pratiquée par les écrivains qui travaillent leur style. Vouloir à toute force en rendre Salluste responsable, c'est nier qu'un faussaire habile ait pu copier le modèle qu'il s'était choisi, alors qu'abondent dans les collections publiques et privées les faux antiques et modernes si parfaitement réussis que les critiques considérés comme les plus compétents — *magis magnos doctores* — s'y laissent prendre ou, prudents, refusent de se prononcer, et que les ouvrages littéraires n'échappent pas à ce soupçon : qu'on se rappelle seulement les chansons de Bilitis, joliment inventées par Pierre Louÿs et qui faillirent bien être prises sérieusement pour des traductions de l'Anthologie.

Authentifier une œuvre en se fondant sur des critères esthétiques demeure toujours une entreprise contestable : dans le cas des *Epistulae*, cette argumentation, même si elle était sans défauts, serait sans valeur probante. Je dirai pour ma part, mais c'est une impression purement subjective que je tire de mon long commerce avec Salluste, que je ne trouve dans les *Epistulae* ni la brièveté de la phrase sallustienne, ni son équilibre, ni son nerf, mais dans l'expression des répétitions fréquentes, des transitions gauches, des conclusions lourdes, un mélange d'emphase (*Ep.* I, 5, 2 ; II, 13) et de platitude, une certaine maladresse dans le bâti de la période : je doute que Salluste eût accumulé les finales semblables comme l'auteur l'a fait dans l'*Epistula* II, 2, 4 : *Sin in te ille animus est qui iam a principio nobilitatis factionem disturbauit, plebem Romanam ex graui seruitute in libertatem restituit, in praetura inimicorum arma inermis disiecit, domi militiaeque tanta et tam praeclara facinora fecit ut ne inimici quidem queri quicquam audeant nisi de magnitudine tua : quin tu accipe ea quae dicam de summa re publica.* Si les mots sont « sallustiens », la phrase éveille la méfiance.

Un autre argument peut encore valoir contre les partisans de l'authenticité. On s'accorde depuis longtemps — c'est notamment ce qu'a fait déjà le traducteur de Salluste, M. Beauzée, de l'Académie française, 2ᵉ édition, 1775, p. 486 — à situer la seconde lettre avant le début des hostilités ouvertes entre César et Pompée et le sénatusconsulte ultimum du 7 janvier 49 sommant César de licencier son armée et le déclarant ennemi public au cas où il s'y refuserait. La date la plus probable est le mois de septembre 50. La première lettre serait écrite après la victoire définitive de César sur Pompée et ses partisans, c'est-à-dire après la bataille de Thapsus, en avril 46. Or en 50 comme en 46 Salluste, âgé alors de 37 et de 41 ans

— donc de 13 ans plus jeune que César (101-44) — est plongé dans la politique militante. Associé à la fortune de César, il doit à sa protection d'être rétabli dans sa dignité sénatoriale en 50, et d'obtenir une seconde fois la questure ; puis il exerce divers commandements militaires, sans grand succès du reste ; enfin il est chargé, comme *proconsul cum imperio* du gouvernement de l'*Africa noua* où ses exactions lui permettent de s'enrichir scandaleusement. Ce n'est qu'après la mort de César (15 mars 44) que, privé de l'appui du dictateur, et renonçant à l'espoir du consulat, il abandonne la vie publique pour se réfugier dans une retraite studieuse et dorée. C'est alors que, revenant sur son passé, il peut écrire dans la préface du Catilina (ch. 6, 3) cette confession célèbre : *Sed ego adulescentulus initio, sicuti plerique, studio ad rem publicam latus sum, ibique mihi multa aduorsa fuere....* Or un écho de cette phrase se trouve au début de la Lettre II : *Sed mihi studium fuit adulescentulo rem publicam capessere, atque in ea cognoscenda multam magnamque curam habui....* Mais ce qui se justifiait à l'époque où Salluste composa son Catilina est hors de propos en 49, et l'on est en droit de conclure que l'auteur de la Lettre a dû la composer après avoir lu le Catilina, c'est-à-dire après la mort de Salluste. De même, le conseil qu'il donne à César d'augmenter le nombre des sénateurs (*Ep.* II, 12, 5 ; 12, 3) est une allusion anticipée à la mesure prise par César qui, durant sa dictature (de 46 à 44), porta de 600, chiffre fixé par Sylla, à 900 le nombre des membres de cet ordre, et les recruta parmi les plébéiens, les provinciaux et même en dehors de l'Italie, du reste moins pour fortifier l'autorité de cette assemblée que pour se procurer plus d'obligés et de partisans. Il en est de même pour d'autres réformes que l'auteur de la Lettre feint de suggérer à César, et qui se trouvent avoir été appliquées par lui. La merveilleuse prescience de la politique césarienne que les partisans de l'authenticité prêtent au Pseudo-Salluste repose sur des prophéties faites après coup. Accessoirement, on notera que les Lettres recommandent vivement à César de réprimer la corruption, la vénalité, l'amour de l'argent (cf. *Ep.* I, 5, 4 ; 7, 3-5 ; II, 7, 3-10 ; 8, 2-5 et passim.) Ces conseils de désintéressement peuvent sembler détonner chez Salluste, dont la cupidité était légendaire. On doit se demander si l'auteur des Lettres n'a pas voulu provoquer chez le lecteur un sourire d'intelligence devant cet étalage insolite de vertu.

Les « chercheurs de sources » se sont évertués à découvrir en dehors de Salluste lui-même, et des écrits indiscutés, les œuvres et les auteurs dont le rédacteur des Lettres a pu s'inspirer. On a rapproché, outre Thucydide du reste utilisé déjà dans *Jugurtha* (*Ep.* I, 5, 2 ; *Iug.*, 2, 3 ; Thuc. 2, 64 ; *Ep.* II, 2, 1 ; Thuc. I, 132, 38 ; II, 13, 7 ; Thuc. 2, 45, 1), Aristote (*Polit.*, VI, 15, *Ep.* I, 6, 2) et surtout Platon (*Ep.* 7, 336 E ; 8, 353 D = *Ep.* I, 4, 27 ; *Menex.*, 238 D = *Ep.*, II, 8, 2). Le plus souvent, il s'agit de τόποι que tout bon élève des rhéteurs devait avoir dans ses cahiers de citations et d'exemples, comme nos rhétoriciens d'autrefois s'inspiraient au *Contiones* (qu'on écrivait *Conciones*) pour le discours latin, ou du *Gradus ad Parnassum* et du *Thesaurus poeticus* pour rivaliser avec Virgile. Il est vain aussi de rattacher la prosopopée de la Patrie, qui sert, très maladroitement, de péroraison à la Lettre II, 13, à la prosopopée des Lois qui termine le Criton, et le Pseudo-Salluste n'a fait qu'imiter hors de propos l'apostrophe de la première Catilinaire (I, 11, 27), qui, elle, est bien inspirée directement de Platon.

Je ne trouve donc rien qui permette d'affirmer péremptoirement l'authenticité des deux *Epistulae*, mais au contraire de nombreuses raisons se présentent pour la leur dénier. Il est significatif que M. Kurfess, l'éditeur

chevronné de l'*Appendix Sallustiana*, après avoir longtemps admis cette authenticité, hésite maintenant à se
prononcer.

Les *Invectives*, que, par tradition, on publie à la suite
des *Epistulae*, sont d'un autre genre. Si celles-ci appar-
tiennent au genre *Suasoriae*, celles-là se rangent parmi les
Controuersiae, où deux thèses contradictoires, le pour et le
contre, sont mises en parallèle. L'*Invective* contre Cicéron
a été connue assez tôt, comme nous le voyons par le
témoignage de Quintilien, *Inst. Or.*, IV, 1, 68[1], qui en cite
le début en l'attribuant nommément à Salluste, et y fait
encore allusion *Inst. Or.*, IX, 3, 89[2] et XI, 1, 24, et aussi
par la citation de Servius *in Aen.*, VI, 532[3].

L'Invective contre Salluste n'est invoquée qu'une fois
à date très basse, à propos de la forme du participe de
comedo : *comestus* ou *comesus*[4], par le grammairien Dio-
mèdés (I, p. 387, 4 Keil), qui attribue le texte à un certain
Didius, personnage inconnu et dont le nom est contesté.
Aucune mention n'est faite de Cicéron.

Malgré la précision du témoignage de Quintilien, les
éditeurs anciens, considérant que les deux *Invectives*
formaient un couple inséparable, refusèrent de les disso-

---

1. Quid ? non Sallustius derecto ad Ciceronem, in quem
ipsum dicebat, usus est principio, et quidem protinus ? « Grauiter et iniquo animo maledicta sua paterer, M. Tulli », sicut
Cicero fecerat in Catilinam : « Quousque tandem abutere ? »
2. ... apud Sallustium in Ciceronem « O Romule Arpinas » —
« Carminibus utinam pepercisset quae non desierunt carpere
maligni :
        cedant arma togae, concedat laurea linguae
et   O fortunatam natam me consule Romam.
3. Nefas esse credi dictum esse de Tullio, quod conuicium a
Sallustio Ciceronis inimico natum est, qui de illo inquit :
« Filia matris paelex ».
4. de cuius (i. e. uerbi comedendi) perfecto ambigitur apud
ueteres, « comestus » an « comesus » et « comesurus », sed
Didius ait de Sallustio « comesto patrimonio » (Inv. 7, 20).
Sur le nom de Didius, voir mon Salluste, Préface, p. 8-9, n. 3.

cier, et comme l'*Invective* contre Salluste ne pouvait, de
toute évidence, être l'œuvre de Salluste lui-même, ils
joignirent dans la même exclusion l'*Invective* contre
Cicéron. Cette condamnation, proposée par S. Corradi
dès l'année 1537, fut acceptée le plus souvent sans contes-
tation ; en 1912 A. Kurfess s'y ralliait encore dans sa
dissertation que j'ai citée plus haut. Toutefois la discussion ouverte sur l'authenticité des *Epistulae* s'étendit par
contagion à l'*Invective*. On y vit un « nicht unwichtiges
Zeitdokument zu dem J. 54 » (SCHANZ-HOSIUS, *op. cit.*,
I, p. 372) à l'époque où la politique de Cicéron était le
plus violemment attaquée ; — sans que du reste l'attribu-
tion à Salluste fût unanimement adoptée. C'était, selon les
uns, le fragment ou le brouillon d'un discours prononcé par
Salluste, qu'il aurait conservé dans ses papiers, et qu'on
aurait publié après sa mort ; selon d'autres, un pamphlet
composé par Salluste à l'instigation de Clodius ; ou encore,
ce n'était pas à Salluste qu'il fallait l'imputer, mais à
Asinius Pollion. Kurfess, abandonnant sa première thèse,
Funaioli, dans son article de la Real-Encyclopädie que
j'ai cité ailleurs[1], se prononcèrent pour Salluste, comme
aussi M. Domenico Romano dans son *Sallustio minore* que
j'ai mentionné plus haut[2]. Cependant Kurfess, changeant
encore une fois d'avis, dans sa seconde édition de 1948,
se déclara convaincu par la démonstration d'Otto Seel qui
ruinait les arguments présentés par les défenseurs de
l'authenticité aussi bien en ce qui concernait l'auteur que
la date du libelle[3]. Enfin dans la préface de la 3e édition

1. Salluste, *Œuvres*, p. 8, n. 1.
2. Cf. p. 8, n. 1.
3. Inter dissertationes super scriptas digna est, quae pro-
feratur, Waltheri F a b e r dissertatio Tubingensis (Wurzburg
1934, Triltsch), quae inscribitur : « Sallust gegen Cicero,
eine sprachliche Untersuchung». Adde O. S e e l : Die Invektive
gegen Cicero, Leipzig 1943 (Klio, Beih. 47, N. F. Heft 34).
Huic viro doctissimo de Sallustio optime merito sagacissima

de 1958, après avoir résumé les différentes opinions proposées, il affirmait que l'*Invective* était désormais reconnue par tous comme publiée après la mort de Salluste. Et il ajoutait que la thèse récente de Hejnic, qui voyait dans l'*Invective* un pamphlet dû à Clodius, lui paraissait « plus ingénieuse que vraisemblable »[1]. Selon Th. Zielinski (*Cicerokarikatur im Altertum*, p. 279 sqq.), Virgile se serait inspiré de l'*Invective* pour tracer dans l'Énéide le portrait de Drancès[2]; en ce cas, l'*Invective* devrait suivre de peu d'années, « vix decennio », la mort de Salluste.

interpretatione contigit, ut solidum poneret fundamentum et priorem invectivam neque a Sallustio historico scriptam neque Cicerone vivo ortam esse posse demonstraret. — Cf. d'autre part, mon édition de Salluste, p. 34 n. 2 où j'ai signalé que « une allusion au procès de Vatinius indique que l'invective contre Cicéron ne fut pas composée avant l'année 54 qui est celle du procès ; une allusion à l'achat de la villa de César par Salluste dans l'invective contre celui-ci montre qu'elle ne fut composée qu'après la mort de César.

1. Priorem invectivam — sive ab homine quodam politico (sit venia verbo !) fortasse principe monente conscriptam (SEEL), sive ut declamationem in rhetoris cuiusdam scholis compositam (JACHMANN), sive ex litteris hereditariis (« aus dem Nachlass » OERTEL) iuris publici factam, sive ex opere historici cuiusdam (Asinii Pollionis ?) Augustea aetate florentis decerptam (KURFESS) — post mortem Sallustii publicatam esse hodie inter omnes constat....

Dum hic fasciculus sub prelo erat, hic commentariolus prodiit : J. HEJNIC, Clodius Auctor : Ein Beitrag zur sog. Sallusts Invektive, Rhein. Mus., 99, 1956, 255-277. Hic vir doctus (Pragensis)... sibi persuasit omnia fere convicia, quae in invectiva Tullio crimini dantur, ibi reperiri eadem cum ironia eodemque odio (*scil.* atque Clodii) collata ; sermonemque quoque nonnullas Clodii proprietates ostentare ; ceterum invectivam non anno 54, sed 53 compositam et post Clodii mortem (*a.* 52) a Sallustio tr. pl... in senatu recitatam esse ... At mihi quidem haec opinio sagacior esse quam verior videtur.

2 Cf notamment l'apostrophe de Turnus, *Aen.*, XI, 389 sq.

> ... an tibi Mauors
> uentosa in lingua pedibusque fugacibus istis
> semper erit ?

Quant à la seconde *Invective*, Kurfess, d'après A. Klotz
(Berl. phil. WS, 1915, 81), admet qu'elle n'a pu être composée avant Caligula, et que certains mots inconnus de
Salluste et appartenant à l'époque impériale suggèrent
qu'elle doit se situer à l'époque de Trajan[1].

L'*Invective* contre Cicéron, beaucoup plus courte que
celle contre Salluste, et qui se termine brusquement et
sans conclusion, est aussi d'une langue plus ferme et d'un
ton plus vigoureux que la réplique attribuée à l'orateur ;
celle-ci, riposte et non attaque, ressemble davantage à un
plaidoyer défensif qu'à une offensive spontanée contre un
adversaire, auquel du reste elle emprunte quelques traits :
« Vergleichen wir beide Reden miteinander, so gewinnen
wir sofort den Eindruck, dass die erste aus dem Leben
stammt, die zweite aus der Schule. » (Schanz-Hosius, *op.
cit.*, p. 370). Toutes deux prétendent dépeindre avec exactitude les mœurs politiques à la fin de la république et la
violence des débats où s'affrontaient les porte-parole des
divers partis. Les injures sont les mêmes dans les deux
camps. Dans la vie publique, on s'accuse de brigue, de
concussion, de vénalité, de trahison, de lâcheté, de vio-
lences allant jusqu'à l'assassinat ; dans la vie privée, de
lubricité, d'adultère, d'inceste, de pédérastie, d'avarice,
de gourmandise et d'ivrognerie... *maledicta peruolgata*, dit
Cicéron, *pro Caelio*, 3, 6. M. Kurfess en comparant le
discours de Fufius Calenus dans Dion Cassius l. XLVI,
3 sqq. avec certains passages de l'Invective contre Cicéron
a bien mis en lumière le caractère traditionnel de ce genre.
Les femmes elles-mêmes ne sont pas épargnées : Térentia
est qualifiée d'*uxor sacrilega ac periuriis delibuta*, Tullia,

---

1. Posteriorem invectivam non ante Caligulam ortam esse
posse nos (non *Kurfess mendose*) docuit. Et voces quaedam
redolent latinitatem Plinii minoris velut *actibus* (pro *actionibus*), *exputare*, *illotus*, *mentitus* (passive), *praelucere*, *rudimenta et incunabula*, *sopor*.... Traiani igitur aetate altera
invectiva composita esse videtur.

de *filia matris paelex, tibi iucundior atque obsequentior quam parenti sat est.*... Les médisances et les calomnies n'épargnent personne ; César lui-même n'en est pas à l'abri, et ses soldats lui reprochent ses mœurs derrière même son char triomphal : on connaît les vers que cite Suétone, *Divus Iulius*, ch. 49 et 50 :

Gallias Caesar subegit, Nicomedes Caesarem.

Vrbani, seruate uxores : moechum caluom adducimus.

Les *Lettres* comme les *Invectives* sont de bons spécimens d'un genre mineur, qui a eu grand succès dans les écoles de rhéteurs et les lectures publiques, et dont l'influence s'est maintenue longtemps encore après la chute de l'Empire romain ; elles ne sont pas non plus sans intérêt pour l'histoire, à condition de ne pas les utiliser sans critique.

J'ai signalé, au cours de cette discussion, les principaux ouvrages que j'ai consultés. On trouvera des indications bibliographiques plus complètes dans les comptes rendus publiés par A. Kurfess dans le *Jahresbericht* de Bursian de 1926 à 1940, et dans les listes d'auteurs dont il a enrichi les éditions successives des *Epistulae* (1920, p. V ; 1930, p. VI, 1948, p. VII sqq., 1955, p. V, 199), et des *Invectives* (1948, p. VI ; 1958, p. VII et VIII). Une bibliographie succincte mais suffisante, poussée jusqu'en 1927, figure dans la *Geschichte der röm. Literatur* de Schanz-Hosius I, 4e éd., p. 371-373. Une bibliographie générale a été publiée par A. Leeman sous le titre *A systematical bibliography of Sallust* (1879-1950) à Leyde, chez Brill en 1952. Pour la suite on peut se reporter à l'*Année philologique* que, sous la direction de M. Marouzeau, rédige avec tant de soin Mlle Juliette Ernst. Tout ceci constitue, selon le mot de M. Syme, « a formidable bibliography », peut-être disproportionnée à l'importance des œuvres.

J'ai suivi le plus souvent le texte donné par A. Kurfess

dans ses éditions les plus récentes : 1959 pour les *Epistulae*, 1958 pour les *Inuectiuae*, que j'ai comparé avec la
troisième édition d'Henri Jordan. J'ai réduit l'apparat
critique aux variantes indispensables, et j'ai procédé de
même dans l'indication des *Testimonia* et des *Loci similes*,
dont la liste complète se trouve dans les éditions pré-
cieuses d'A. Kurfess.

Les *Lettres à César* ont été plusieurs fois traduites en
français. La version de M. Beauzée que j'ai citée plus
haut n'est pas sans mérite ; élégante et précise, elle m'a
paru supérieure à celle qu'a donnée Dureau-Delamalle, de
l'Académie française, dans son édition des *Œuvres de
Salluste*, Paris 1808, t. II, p. 412-484 (avec notes). Une
autre traduction sans nom d'auteur a été publiée dans le
Salluste de la Collection Nisard, Paris 1850. J'ai utilisé
la première des trois avec profit, et je tiens à signaler les
services qu'elle m'a rendus.

La traduction des *Invectives* est tout entière de moi.

Les manuscrits.

Pour les *Epistulae*, nous n'avons que le *Vaticanus lat.*
3864, et c'est de lui que procèdent toutes les éditions,
depuis l'*editio princeps Romana*, a. 1475, jusqu'aux plus
récentes.

Les *Inuectiuae* ont été transmises par des manuscrits
assez nombreux datant du xe au xiie siècle, et qui se
répartissent, suivant Kurfess, en deux familles :

1º

α
{
A = Codex Guelferbytanus Gud., 335, s. X.
Hª = codex Harleianus, 2682, s. XI.
B = codex Monacensis 4611 siue Benedictobo-
       ranus, 111, s. XII.
T = cod. Monacensis 19472 siue Tegernseensis
       1472, s. XIII.
}

2°

β {

H = cod. Harleianus 2716, s. IX uel X.

H^b = cod. Harleianus 3859, s. XI.

E = cod. Monacensis 14714 siue Emeramensis, s. XII.

M = cod. Monacensis 19474 siue Tegernseensis 1474, s. XII-XIII.

P = cod. Admontensis 383, s. XII (*deest* inde a I, 2, 3 *iudicia* ad II, 2, 6, *simi*[*les*.

V = Vaticanus 1747, s. XIII.

O = consensus codicum antiquorum.

ω = codices recentiores.

Ces manuscrits, même les plus anciens, portent des traces de remaniements et de corrections, et on ne peut se fier uniquement à l'un d'eux : les meilleurs sont le *codex Guelferbytanus Gud.* 335 (A) pour le premier groupe, et le *codex Harleianus* 2716 (*H*) pour le second ; tous les deux ont été revus et corrigés par une seconde main, signalée par A^2.H^2. Mais d'autres fournissent de bonnes leçons, qui du reste peuvent provenir de lecteurs érudits. J'ai éliminé les variantes isolées (inversions, omissions, fautes de graphie, etc.) qui encombrent les apparats sans utilité.

Ald. = ed. Aldina, 1509.

Jord. = ed. Jordan, 1887.

M. J. André a été pour moi, cette fois encore, un réviseur précieux ; je l'en remercie cordialement.

LETTRES A CÉSAR AGÉ
SUR LA CONDUITE DE L'ÉTAT

I

I. 1 On tenait jadis pour vrai [1] que royaumes, empires, et autres objets de la convoitise humaine [2] étaient des dons de la Fortune [3], cela parce que souvent ils étaient accordés comme par caprice [4] à des gens indignes, et que jamais ils n'étaient restés longtemps sans se corrompre. **2** Mais l'événement nous a démontré la vérité de ce vers d'Appius [1] :

Chacun est l'artisan de sa propre fortune

et surtout en ce qui te concerne, toi qui as dépassé de si loin les autres hommes que l'on s'est plus vite lassé de louer tes exploits que toi de les accomplir*. **3** Mais, comme les autres ouvrages de l'art, les biens acquis par la valeur doivent être surveillés avec attention [1], pour qu'ils n'aillent pas se dégrader par négligence ou s'écrouler par affaiblissement. **4** Personne en effet ne concède volontiers le commandement à un autre, et, si bon et clément qu'il puisse être, tout détenteur du pouvoir, parce qu'il lui est loisible d'en user mal, ne laisse pas d'être redouté. **5** Cela vient de ce que la plupart des potentats raisonnent de travers, et se croient d'autant mieux défendus que les sujets auxquels ils commandent [1] sont plus méprisables. **6** Pour toi au contraire, qui es un modèle de bonté et d'énergie, il faut t'efforcer de commander aux meilleurs

§ 1.2. Cette phrase est reprise textuellement dans un passage de la *Lettre* II, 1, 6, auquel elle semble bien avoir été empruntée. La seconde lettre est, en effet, antérieure à la première, et sans doute d'un autre auteur.

AD CAESAREM SENEM DE REPVBLICA

I

I. [1]Pro uero antea optinebat regna atque imperia
fortunam dono dare, item alia quae per mortaleis
auide cupiuntur, quia et apud indignos saepe erant
quasi per libidinem data neque cuiquam incorrupta
permanserant. [2]Sed res docuit id uerum esse quod in
carminibus Appius ait, fabrum esse suae quemque
fortunae, atque in te maxume, qui tantum alios
praegressus es ut prius defessi sint homines laudando
facta tua quam tu laude digna faciundo. [3]Ceterum ut
fabricata, sic uirtute parta quam magna industria
haberei decet, ne incuria deformentur aut conruant
infirmata. [4]Nemo enim alteri imperium uolens conce-
dit et, quamuis bonus atque clemens sit, qui plus
potest tamen, quia malo esse licet, formeidatur. [5]Id
eo euenit quia plerique rerum potentes peruorse
consulunt, et eo se munitiores putant quo illei quibus
imperitant nequiores fuere. [6]At contra id eniti decet,
cum ipse bonus atque strenuus sis, uti quam optumis

Loci similes (Cat. = Catilina ; Iug. = Iugurtha)

I. 1 *pro uero... optinebat* : cf. Apul., *Apol.*, *init.* : certus
equidem eram proque uero obtinebam ‖ *per libidinem* : *Cat.*,
51, 25 : fortuna, cuius libido gentibus moderatur. — *Epist.*,
II, 1, 2 : plerasque res fortuna ex libidine agitat. — 2 *defessi...
laudando* : cf. *Epist.* II, 1, 6. — 6 *bonus atque strenuus* :
Cat., 20, 7 : strenui boni.

Titvlvs : AD CAESAREM SENEM : DE REPVBLICA
INCIP̄. FELICIT̄. *V* : SALLVSTIVS — ORATIO *suppl.*
Jord.

1 fortunam *edd.* : — na *V* ‖ 2 es *in ras. V* ‖ 5 ideo *V*,

citoyens. Car les plus mauvais sont aussi ceux qui supportent le plus mal d'être gouvernés. **7** Mais à toi, plus qu'à tous tes devanciers, il est d'autant plus difficile d'organiser [1] ce que tu as conquis par les armes que tu as montré plus d'humanité dans la guerre que les autres dans la paix [2]. **8** De plus, les vainqueurs réclament leur part de butin, et les vaincus sont des citoyens. Pris entre ces deux difficultés, il te faut en sortir [1], et assurer pour l'avenir la solidité de l'État, non seulement par les armes et contre les ennemis extérieurs, mais, chose beaucoup, beaucoup plus difficile [2], par les bienfaits de la paix [3]. **9** Aussi la conjoncture présente invite tous les citoyens, qu'ils soient sages peu ou prou [1], à proposer les meilleures solutions qu'ils puissent imaginer. **10** Quant à moi, il me semble que, quelques mesures que tu prennes après ta victoire, c'est d'elles que dépendra l'avenir.

II. 1 Or, pour t'aider à prendre le parti le meilleur et le plus aisé [1], voici en peu de mots les conseils que me suggère la réflexion.

2 Tu es entré en guerre [2], César, contre un personnage illustre, aux grandes richesses, avide du pouvoir, plus servi par la fortune que par la sagesse*. Il a été suivi de quelques hommes, les uns devenus tes ennemis pour s'être crus victimes d'une injustice de ta part [3], d'autres aussi qu'entraîna quelque lien de parenté ou d'amitié, **3** car il n'admit personne à partager sa domination [1], et du reste, s'il avait pu le souffrir, le monde n'eût pas été bouleversé par la guerre. **4** La foule le suivit en masse d'abord, plus par routine que par choix judicieux, puis ils se joignirent les uns aux autres, dans la pensée que les premiers étaient plus avisés.

5 Vers le même temps, les calomnies de tes adversaires

II. 2. Sur l'opposition entre la fortune et la sagesse, cf. Cic., *N. D.*, 3, 88 : *fortunam a deo petendam, a se ipso sumendam esse sapientiam.*

imperites, nam pessumus quisque asperrume rectorem
patitur. [7]Sed tibi hoc grauius est quam ante te omnibus, armis parta componere, quod bellum aliorum
pace mollius gessisti. [8]Ad hoc uictores praedam
petunt, uicti ciues sunt. Inter has difficultates euadendum est tibi atque in posterum firmanda res publica,
non armis modo neque aduorsum hostis, sed, quod
multo multoque asperius est, pacis bonis artibus.
[9]Ergo omnes magna mediocri sapientia res huc uocat,
quae quisque optima potest, utei dicant. [10]Ac mihi
sic uidetur : qualeicumque modo tu uictoriam composuereis, ita alia omnia futura.

II. [1]Sed iam, quo melius faciliusque constituas,
paucis quae me animus monet accipe.

[2]Bellum tibi fuit, imperator, cum homine claro, magnis opibus, auido potentiae, maiore fortuna quam
sapientia. Quem secuti sunt pauci per suam iniuriam
tibi inimici, item quos adfinitas aut alia necessitudo
traxit. [3]Nam particeps dominationis neque fuit quisquam neque, si pati potuisset, orbis terrarum bello
concussus foret. [4]Cetera multitudo uolgi, more magis
quam iudicio, post alius alium quasi prudentiorem
secuti.

[5]Per idem tempus maledictis ineiquorum occu-

---

pessumus... rectorem patitur : cf. SEN., *de ira*, III, 36, 4
admoneri bonus gaudet : pessimus quisque rectorem asperrime:
patitur.
II. 1 *paucis* : *Epist.*, II, 13, 8 : quam paucissimis. — 2 *cum
homine claro, magnis opibus* : *Iug.*, 70, 2 : hominem nobilem,
magnis opibus, clarum acceptumque popularibus suis (TAC.,
Ann., XII, 29, 1). — 4 *cetera multitudo uolgi* : *Cat.*, 43, 1
cetera multitudo coniurationis.

8 multo <maius> multoque asperius *uett.* ‖ 9 mediocri *Asulanus* : — cris *V*.

leur ayant donné l'espoir de s'emparer de l'État, on vit
des hommes couverts de honte et souillés par la débauche
accourir en masse dans ton camp, et menacer ouvertement les citoyens paisibles de la mort, du pillage, bref de
tous les maux que leur dictait la corruption de leur âme.
6 La plupart d'entre eux, voyant que tu te refusais à
abolir les dettes [1], et à traiter les citoyens en ennemis,
désertèrent la lutte [2] ; il ne demeura que quelques hommes
qui espéraient être plus à l'abri dans ton camp que dans
Rome, tant ils redoutaient l'armée de leurs créanciers !
7 Mais on ose à peine dire combien d'hommes [1], et parmi
les plus illustres [2], rejoignirent Pompée pour la même
raison ; et c'est là que, pendant toute la durée de la guerre,
les gens endettés trouvèrent un asile sacré et inviolable.

III. 1 Maintenant donc qu'il te faut, après ta victoire,
décider de la guerre et de la paix, celle-là pour la terminer
dans un esprit civil*, celle-ci pour l'établir aussi juste et
durable que possible, commence par juger d'après toi-
même, puisqu'à toi reviendront les mesures à prendre,
quel est le mieux qu'il y ait à faire. **2** Pour moi, j'estime
que tout pouvoir qui s'appuie sur la cruauté est plus
pénible que durable, et que nul homme ne peut se faire
craindre de la foule sans que la crainte de cette foule ne
rejaillisse sur lui [1]* ; que mener une telle vie c'est soutenir
une guerre perpétuelle et sur plusieurs fronts, puisque
également sans défense de face, de dos ou de flancs, on
est sans cesse en péril ou en alarme. **3** Ceux qui au contraire ont su tempérer la rigueur du pouvoir par la bonté
et la clémence n'y ont trouvé que joie et sérénité, ils ont

III, **1.** *ciuiliter* : l'adverbe, sans doute créé sur le grec,
avec le sens de « ut ciuium mos est » a pris par contraste avec
hostiliter, le sens de « sans recourir à la violence » et par suite
« généreusement », cf. PLINE, *Paneg.*, 11, 31, p. 269, 8 : *quae
tu iuste, moderate, ciuiliter facis.*
  2. Cf. LABÉRIUS ap. MACR., *Sat.*, II, 7 :
     Necesse est multos timeat quem multi timent.

pandae rei publicae in spem adducti homines quibus
omnia probro ac luxuria polluta erant, concurrere in
castra tua et aperte quieteis mortem, rapinas, postremo omnia quae corrupto animo lubebat, minitari.
⁶Ex queis magna pars, ubi neque creditum condonare*i*
neque te ciuibus sicuti hostibus uti uident, defluxere ;
pauci restitere quibus maius otium in castris quam
Romae futurum erat : tanta uis creditorum inpen-
debat. ⁷Sed ob easdem causas immane dictust quanti
et quam multi mortales postea ad Pompeium dis-
cesserint, eoque per omne tempus belli quasi sacro
atque inspoliato fano debitores usi.

III. ¹Igitur quoniam tibi uictori de bello atque
pace agitandum est, hoc uti ciuiliter deponas, illa
<ut> quam iustissima et diuturna sit, de te ipso
primum, qui ea compositurus es, quid optimum factu
sit existima. ²Equidem ego cuncta imperia crudelia
magis acerba quam diuturna arbitror, neque quemquam multis metuendum esse quin ad eum ex multis
formido reccidat : eam uitam bellum aeternum et
anceps gerere, quoniam neque aduersus neque ab
tergo aut lateribus tutus sis, semper in periculo aut
metu agites. ³Contra qui benignitate et clementia
imperium temperauere, iis laeta et candida omnia

6 *neque te ciuibus* e. q. s. : *Iug.*, 31, 23 : sociis uestris
ueluti hostibus, hostibus pro sociis ,utuntur. — 7 *debitores* :
Inu., II, 7, 18.
   III. 1 *optimum factu* : *Cat.*, 32, 1 : optimum factu credens ;
55, 1 ; *Iug.*, 107, 5. — 2 *equidem ego* : *Cat.*, 51, 15 : equidem
ego sic existumo ; *Iug.* 16, 6.

   II. 6 condonare*i* Jord., *auctore Cortio qui* condonari : condonare *V*, Kurf. ‖ sic uti *V*.
   III. 1 ut *add.* Ald. : *om. V* ‖ 2 Malus diuturnitatis custos
est metus *m⁴ adnot. in marg.*

même été mieux traités par leurs ennemis que d'autres par leurs concitoyens.

4 Peut-être m'accusera-t-on par de tels propos de gâcher ta victoire et de montrer trop de bienveillance pour les vaincus ; sans doute, parce que le traitement que nous-mêmes et nos ancêtres avons souvent accordé aux peuples étrangers, nos ennemis naturels, je suis d'avis qu'on l'applique à nos concitoyens, sans expier, suivant le rite des barbares, le meurtre par le meurtre et le sang par le sang.

IV. **1** L'oubli a-t-il effacé les reproches qu'on lançait, peu avant cette guerre, contre Cn. Pompée et la victoire de Sylla : Domitius, Carbon, Brutus [1], et tant d'autres criminellement [2] assassinés non pas selon le droit de la guerre, quand ils étaient armés et en pleine bataille, mais quand, après la lutte, ils suppliaient leur vainqueur ; la plèbe de Rome massacrée comme du bétail dans la ferme publique [3] ? **2** Hélas, ces assassinats secrets de citoyens, ces massacres soudains, la fuite des femmes et des jeunes enfants dans le sein de leurs pères ou de leurs fils [1], le sac des maisons, que tout cela, avant ta victoire [2], était barbare et cruel ! **3** Et c'est à quoi ces gens-là t'exhortent : évidemment pour eux, la lutte n'a eu d'autre objet que de décider auquel de vous deux reviendrait le droit arbitraire de commettre l'injustice ; pour eux, tu n'as pas recouvré mais conquis la république, et c'est pour cela qu'une fois accompli leur temps de service, tes soldats, les meilleurs et les plus anciens de tous [*], ont repris les armes contre leurs frères et leurs pères [d'autres contre leurs fils] : afin que les plus vils des mortels puissent trouver dans les malheurs d'autrui l'argent que réclament leur gloutonnerie et leur insatiable lubricité [1], et pour qu'on

IV. 3. On sait que Lucain a exprimé en termes pathétiques les plaintes des vétérans de César, *Bel. ciu.*, 5, 261-295.

uisa, etiam hostes aequiores quam aliis ciues. ⁴Haud
scio an qui me his dictis corruptorem uictoriae tuae
nimisque in uictos bona uoluntate praedicent : scilicet
quod ea, quae externis nationibus natura nobis hostibus nosque maioresque nostri saepe tribuere, ea ciuibus danda arbitror, neque barbaro ritu caede caedem
et sanguinem sanguine expianda.

IV. ¹An illa, quae paulo ante hoc bellum in Cn.
Pompeium uictoriamque Sullanam increpabantur,
obliuio interfecit : Domitium, Carbonem, Brutum,
alios item, non armatos neque in proelio belli iure sed
postea supplices, per summum scelus interfectos,
plebem Romanam in uilla publica pecoris modo
conscissam ? ²Eheu ! quam illa occulta ciuium funera
et repentinae caedes, in parentum aut liberorum
sinum fuga mulierum et puerorum, uastatio domuum,
ante partam a te uictoriam saeua atque crudelia
erant ! ³Ad quae te idem illi hortantur : [et] scilicet id
certatum esse, utrius uestrum arbitrio iniuriae fierent,
neque receptam sed captam a te rem publicam, et ea
causa exercitus stipendiis confectis optimos et ueter-
rimos omnium aduorsum fratres parentisque [alii
liberos] armis contendere : ut ex alienis malis deter-
rumi mortales uentri atque profundae lubidini
sumptus quaererent atque essent obprobria uictoriae,

IV. 1 *plebem Romanam pecoris modo...* : *Epist.* II, 4, 2 ;
Cat., 58, 21 : neu capti potius sicuti pecora trucidemini.

3 aequiores quam aliis Carrio : nequiores quam alii *V* ‖
4 externis *V* : exteris Jord.
IV. 1 interfecit *V* : intercepit Gronov. ‖ 3 et *del.* Jord :
at Kurf. *ex orat. Phil.* 3 ‖ alii liberos *damn. iam Beauzée qui
coni.* parentesque ac liberos ; *secl.* Jord.

pût reprocher à ta victoire des scandales capables de salir
la gloire des bons citoyens. **4** Car il ne t'échappe pas, je
pense, avec quelle mesure, quelle modération chacun
d'eux s'est comporté, alors même que la victoire était
incertaine, de quelle manière, pendant la conduite même
de la guerre, on a vu certains vieillards se complaire parmi
les filles et les festins [1], plaisirs [2] auxquels, même au sein
de la paix, leur âge n'aurait pu goûter sans déshonneur.

V. 1 Assez dit sur la guerre. Quant à l'affermissement
de la paix, puisque c'est ce qui vous préoccupe, toi et tous
tes amis, commence d'abord, je t'en prie, par définir l'objet
de tes délibérations ; c'est ainsi qu'ayant fait le tri entre
le bien et le mal, tu auras la voie libre pour atteindre le
véritable but [1].

2 Pour moi, voici ce que je pense : comme tout ce qui
est né doit périr, lorsque sera venu pour Rome le moment
fatal de sa chute [1], les citoyens en viendront aux mains
entre eux ; alors, épuisés et exsangues, ils deviendront la
proie d'un roi ou de quelque nation étrangère. Autrement
ni la terre entière, ni tous les peuples ligués ne pourraient
ébranler, encore moins abattre cet empire. **3** Il faut donc
affermir les bienfaits de la concorde et chasser les maux
dus à la discorde. **4** Tu y réussiras, si tu parviens à réprimer les excès dans les dépenses et les pillages, non pas en
rétablissant les vieilles institutions, que la corruption des
mœurs a depuis longtemps tournées en ridicule, mais en
fixant à chacun pour borne à ses dépenses les limites de

§ 2. Ces prédictions sur la chute fatale de Rome et de
l'Empire se retrouvent plus bas, ch. 13, 6, où le *fatum* est
encore évoqué. On retrouve peut-être ici l'influence de la doc-
trine épicurienne sur le caractère mortel de tout ce qui est né,
que Lucrère a longuement exposé notamment dans le livre V
du *De rerum natura* :

Omnia natiuo ac mortali corpore constant. (v. 238).

quorum flagitiis commacularetur bonorum laus.
⁴Neque enim te praeterire puto quali quisque eorum
more aut modestia etiam tum dubia uictoria sese gesserit, quoque modo in belli administratione scorta
aut conuiuia exercuerint nonnulli, quorum aetas ne
per otium quidem talis uoluptatis sine dedecore
attingerit.

V. ¹De bello satis dictum. De pace firmanda quoniam tuque et omnes tui agitatis, primum id, quaeso,
considera quale sit de quo consultas : ita bonis malis-
que dimotis patenti uia ad uerum perges. ²Ego sic
existimo : quoniam orta omnia intereunt, qua tempestate urbi Romanae fatum excidii aduentarit, ciuis
cum ciuibus manus conserturos, ita defessos et exsanguis regi aut nationi praedae futuros. Aliter non orbis
terrarum neque cunctae gentes conglobatae mouere
aut contundere queunt hoc imperium. ³Firmanda
igitur sunt [uel] concordiae bona et discordiae mala
expellenda. ⁴Id ita eueniet si sumptuum et rapinarum
licentiam dempseris, non ad uetera instituta reuocans,
quae iam pridem corruptis moribus ludibrio sunt, sed
si suam quoique rem familiarem finem sumptuum

4 *more aut modestia* : *Cat.*, 11, 4 ; Ps.-Sall., *Inu.*, I, 1. —
scorta aut conuiuia : *Cat.*, 7, 4 : in scortis atque conuiuiis
lubidinem habebant.
V. 1 *De bello satis dictum* : *Cat.*, 19, 6 : de superiore coniu-
ratione satis dictum. — 2 *Iug.*, 2, 3 : omniaque orta occi-
dunt (Thuc., II, 64). — *defessos et exsanguis* : *Cat.*, 39, 4 :
defessis et exsanguibus — *conglobatae* : cf. Sisenna, *frg.* 64
(Peter) : conglobati et collecti concrepant armis. — 4 *ludibrio sunt* : cf. *Cat.*, 13, 2 ; 20, 9 ; *Iug.*, 31, 2. — 5 *incessit mos* :
Cat., 13, 3 lubido... incesserat.

quali *V corr* : qualis *V* ‖ attingerit *V* : attigerit *l* ; *cf. Thes.*
L. L., II, 1143, 64.
V. 1 quale Orel : — lis *V* ‖ 3 uel *V* : *del.* Kroll ; et Cort.

son patrimoine. **5** Depuis que la coutume s'est installée parmi les jeunes gens de croire qu'il est du meilleur ton de dépenser leur bien et celui d'autrui, de ne rien refuser à leur propre plaisir ni aux demandes des autres, de voir là une marque de vertu et de grandeur d'âme, et dans la pudeur et la mesure un signe de lâcheté [1], **6** alors ces cœurs farouches, engagés dans une mauvaise route, dès que leur manquent leurs ressources habituelles, se jettent avec fureur tantôt sur les alliés, tantôt sur les citoyens ; ils réveillent les querelles assoupies, et veulent établir un ordre nouveau aux dépens de l'ancien [1]. **7** Aussi faut-il supprimer pour l'avenir le règne de l'usurier [2], afin que chacun de nous ait à surveiller ses propres intérêts. **8** Voici le moyen le plus vrai et le plus simple d'y arriver : que le magistrat soit au service du peuple, non du créancier [*], et qu'il mette son point d'honneur à enrichir la république, non à l'appauvrir.

VI. 1 Je sais du reste combien cela paraîtra dur [1] au commencement, surtout à ceux qui croyaient trouver dans la victoire plus de licence et de liberté que de restrictions. Mais si tu consultes leur salut plus que leur plaisir, tu leur assureras, ainsi qu'à nous-mêmes et à nos alliés, une paix solide ; si au contraire la jeunesse conserve les mêmes goûts et les mêmes errements [2], sois sûr que l'éclatante renommée dont tu jouis s'écroulera en même temps

Ch. V, 8. Ce tableau pessimiste des mœurs de la jeunesse romaine figure aussi dans le *Catilina*, ch. 5, 12 et 13, et dans l'*Invective contre Salluste*, ch. 5 sqq. Quant à la cupidité et à la cruauté des usuriers, c'était un mal reconnu de tout temps et indéracinable malgré les lois qui les punissaient, cf. CATON *Agr.*, 1, 1 : *maiores nostri sic habuerunt... furem dupli condemnari, feneratorem quadrupli. Quanto peiorem ciuem existimarint feneratorem quam furem, hinc licet existimare.*

statueris; [5]quoniam is incessit mos ut homines adules-
centuli sua atque aliena consumere, nihil libidinei
atque aliis rogantibus denegare pulcherrimum putent,
eam uirtutem et magnitudinem animi, pudorem atque
modestiam pro socordia aestiment. [6]Ergo animus
ferox praua uia ingressus, ubi consueta non suppetunt,
fertur accensus in socios modo, modo in ciuis, mouet
composita et res nouas ueteribus † aec conquirit †.
[7]Quare tollendus est fenerator in posterum, uti suas
quisque res curemus. [8]Ea uera atque simplex uia est,
magistratum populo, non creditori gerere et magnitudinem animi in addendo, non demendo rei publicae
ostendere.

VI. [1]Atque ego scio quam aspera haec res in principio futura sit, praesertim iis qui se in uictoria licentius
liberiusque quam artius futuros credebant. Quorum si
saluti potius quam lubidini consules, illosque nosque
et socios in pace firma constitues ; sin eadem studia
artesque iuuentuti erunt, ne ista egregia tua fama simul
cum urbe Roma breui concidet. [2]Postremo sapientes

---

sua atque aliena consumere : *Cat.*, 12, 2 : rapere consumere,
sua parui pendere, aliena cupere. — **6** *mouet composita* : *Cat.*,
21, 1 : quieta mouere.

VI. **1** *licentius liberiusque* : *Iug.*, 87, 4 : laxius licentiusque. —
ne ista egregio fame : *Cat.*, 52, 27 : ne ista uobis mansuetudo... in
miseriam conuortat ; *Iu.*, 14, 21 : ne ille... grauis poenas
reddat. — **2** *sapientes pacis causa bellum gerunt* : locus communis, iam apud Aristot., *Polit.*, VI, 15, unde Cic., *Off.*, I,
11, 35 : suscipienda quidem bella sunt ob eam causam, ut sine
iniuria in pace uiuatur.

6 consueta *ex* consueuexata *V* ‖ aec conquirit *V*, *corrupt.
necdum sanat.* : aeque conquirit Hauler, cf. Plauti *Amph*,
293 ; *Curc.*, 141 ; pro ueteribus concupit *temptauit* Jord.
ueteribus acquirit Laetus nec<lectis> concupiscit Kurf,
dubit. in appar.

que Rome elle-même. 2 En un mot, les sages ne font la
guerre que pour avoir la paix, ils n'en supportent les
fatigues que dans l'espoir du repos [1] ; or cette paix, si tu
ne l'établis solidement, qu'importe d'avoir été vaincu ou
vainqueur ? 3 Aussi, au nom des dieux, consens à prendre
en mains la conduite de la république, et surmonte [1],
selon ton habitude, toutes les difficultés ; car ou c'est toi
qui peux remédier à ses maux, ou c'est tous qui doivent
renoncer à ce soin. 4 Ce n'est pas que personne t'invite à
prononcer des peines cruelles ou des jugements rigoureux,
mesures plus propres à désoler la cité qu'à la réformer ;
mais on te demande de soustraire la jeunesse à ses mœurs
dépravées et à ses passions malfaisantes. 5 Ce sera agir
vraiment avec clémence que d'avoir épargné à des citoyens
un exil mérité, de les avoir préservés de leurs égarements
et de leurs fausses voluptés, d'avoir établi solidement la
paix et la concorde, et non pas si, par complaisance pour
leurs vices, par indulgence pour leurs fautes, tu les laisses
s'adonner présentement à des plaisirs qu'ils paieront bientôt de leur malheur *.

VII. 1 Quant à moi, ma conscience trouve son princi-
pal appui dans les choses que les autres redoutent ; préci-
sément, dans la grandeur de la tâche, et dans l'obligation
pour toi de rétablir [1] l'ordre à la fois sur terre et sur mer ;
car un génie aussi grand que le tien ne saurait s'attaquer [2]
à de petits problèmes, et c'est aux grands soucis que
revient le grand salaire. 2 Il faut donc pourvoir à ce que
la plèbe, aujourd'hui corrompue par des largesses et des
distributions publiques de blé [1], ait ses occupations [2] propres qui l'empêchent de nuire au bien public [3], que la jeunesse ait le goût de la probité et du travail, non plus celui
de la dépense et de la richesse. 3 Tu y parviendras si tu

Ch. VI fin. : proprement : « non pas si tu leur accordes
leur joie présente contre (*quom* graphie archaïsante de *cum*
« avec ») leur malheur prochain ».

pacis causa bellum gerunt, laborem spe otii susten-
tant : nisi illam firmam efficis, uinci an uicisse quid
retulit ? ³Quare capesse, per deos, rem publicam et
omnia aspera, uti soles, peruade : namque aut tu
mederi potes, aut omittenda est cura omnibus.
⁴Neque quisquam te ad crudelis poenas aut acerba
iudicia inuocat, quibus ciuitas uastatur magis quam
corrigitur, sed ut prauas artis malasque libidines ab
iuuentute prohibeas. ⁵Ea uera clementia erit consu-
luisse ne merito ciues patria expellerentur, retinuisse
ab stultitia et falsis uoluptatibus, pacem et concor-
diam stabiliuisse, non si flagitiis opsecutus, delicta
perpessus, praesens gaudium quom mox futuro malo
concesseris.

VII. ¹Ac mihi animus, quibus rebus alli timent,
maxume fretus est : negotii magnitudine et quia tibi
terrae et maria simul omnia componenda sunt. Quippe
res paruas tantum ingenium attingere nequeiret,
magnae curae magna merces est. ²Igitur prouideas
oportet uti pleps, largitionibus et publico frumento
corrupta, habeat negotia sua quibus ab malo publico
detineatur : iuuentus probitati et industriae, non
sumptibus neque diuitiis studeat. ³Id ita eueniet, si

---

3 *capesse* r. p. : *Cat.*, 52, 5 : capessite r. p. — *omnia aspera...*
peruade : *Iug.*, 75, 2 : omnis asperitates superuadere.

VI. 5 merito *V*, Gerlach : immerito Ald. ‖ ciues : ciuis *V*,
an *falsa antiqua lectio* ? ‖ quom *V*, *antiqua lectio pro* cum,
cf. infra, VII, 4, *Hist. frg.* 3, 96, A 19 ; *Thes. L. L.*, IV, 1339,
82 sqq.
VII. 1 paruas *ed. Rom.* : prauas *V* ‖ nequeiret Jord. :
neq. iret *V* neq. iret *l* nequiret *uolgo* ‖ 2 pleps *V* : ple-
bes *l*.

supprimes ce qui est pour tous les hommes la plus grande
cause de leur perte, l'usage et le respect de l'argent. **4** Car
dans mes réflexions [1] sur les moyens grâce auxquels les
hommes illustres avaient trouvé la grandeur, sur les raisons qui avaient favorisé l'accroissement des peuples ou des
nations, enfin sur les causes qui avaient entraîné la chute
des royaumes et des empires les plus florissants, je trouvais
toujours les mêmes biens et les mêmes maux : chez tous
les vainqueurs le mépris des richesses, et chez les vaincus
leur cupidité. **5** Du reste personne ne peut s'élever [1], ni
atteindre, tout mortel qu'il est, au rang des dieux que si,
renonçant à l'argent et aux plaisirs des sens, il se donne
tout entier à cultiver son âme, s'il refuse d'obéir à ses caprices et de satisfaire ses désirs pour se procurer une popularité de mauvais aloi, mais s'il s'entraîne à l'amour du travail,
à la patience, aux bons préceptes et aux belles actions [2].

VIII. **1** Car faire bâtir une maison de ville ou de campagne, l'orner partout de statues, de tapisseries et autres
œuvres d'art, et attirer l'admiration sur ces objets plus
que sur soi-même, ce n'est pas tirer honneur de ses richesses, mais y trouver pour soi un motif d'opprobre. **2** D'ailleurs les gens accoutumés à surcharger leur estomac deux
fois par jour [1], à ne pas dormir une seule nuit sans cour-
tisane, après avoir réduit à l'esclavage leur âme à qui
devait revenir la domination, veulent en vain, quand elle
n'est plus qu'émoussée et boiteuse, l'utiliser comme si elle
était entraînée, **3** car le plus souvent leur imprévoyance
amène leur échec et leur chute [1]. Mais tous ces maux et
tous ceux de même espèce disparaîtront avec le culte de

Ch. VIII, 1. Ce luxe insolent des maisons riches était violemment attaqué, cf. *Catilina*, ch. 13.

Sénèque, à son tour, blâmera, opposera la somptuosité des
villas construites par ses contemporains à la simplicité de la
villa de Scipion l'Africain (*ad Luc.*, 86), comme il blâmera ceux
qui font de la nuit le jour : *totam uitam in noctem transferunt*
(*Ibid.*, 122).

pecuniae, quae maxuma omnium pernicies est, usum atque decus dempseris. ⁴Nam saepe ego quom animo meo reputans quibus quisque rebus clari uiri magnitudinem inuenissent, quaeque res populos nationesue magnis auctibus auxissent ac deinde quibus causis amplissima regna et imperia conruissent, eadem semper bona atque mala reperiebam, omnesque uictores diuitias contempsisse et uictos cupiuisse. ⁵Neque aliter quisquam extollere sese et diuina mortalis attingere potest, nisi omissis pecuniae et corporis gaudiis animo indulgens, non adsentando neque concupita praebendo peruorsam gratiam gratificans, sed in labore, patientia, bonisque praeceptis et factis fortibus exercitando.

VIII. ¹Nam domum aut uillam exstruere, eam signis, aulaeis, alieisque operibus exornare, et omnia potius quam semet uisendum efficere, id est non diuitias decori habere, sed ipsum illis flagitio esse. ²Porro ei quibus bis die uentrem onerare, nullam noctem sine scorto quiescere mos est, ubi animum, quem dominari decebat, seruitio oppressere, nequeiquam eo postea hebeti atque claudo pro exercito uti uolunt : nam inprudentia pleraque et se praecipitat. ³Verum haec et omnia mala pariter cum honore

---

VII. 3 *si pecuniae... dempseris* : *Epist.* II, 7, 3 : si studium pecuniae... sustuleris ; *Ibid.*, 10 : auctoritatem pecuniae demito ; *etiam Ibid.*, 7 ubi eam dempseris. — 4 *quom animo meo reputans* : *Iug.*, 13, 5 : cum animo reputans.

3 decus Asul. : dedecus *V* ‖ 4 auctibus Ciacco. : auctoribus *V*.
VIII. 1 ei *edd.* : eis *V* ; « *caue ne antiquum nominatiuum* eeis *a rhetore positum esse putes* » (Jord.) ‖ 3 praecipitat *V* : — tant *uett.*

l'argent, dès que ni les magistratures ni les autres objets
de la convoitise ordinaire ne seront plus à vendre.

4 En outre, il te faut penser aux mesures à prendre pour
assurer la sécurité de l'Italie et des autres provinces : il
n'est pas difficile de savoir comment, **5** car ce sont toujours les mêmes hommes qui portent partout la dévas-
tation [1], en abandonnant leurs maisons et en occupant
par la force celles des autres. **6** Il faut également supprimer les injustices et les inégalités qui règnent dans le service militaire, où les uns font trente années de campagne,
et certains pas une seule. Et quant au blé, qui était jusqu'ici la récompense de la fainéantise, il conviendra de ne
le distribuer, à travers les municipes et les colonies, qu'aux
hommes rentrés dans leurs foyers après avoir reçu leur
congé [1].

7 Jai fini d'exposer aussi brièvement que possible les
réformes que j'ai crues les plus nécessaires à l'État et les
plus utiles à ta gloire ; **8** je pense qu'il n'est pas mauvais
non plus que je m'explique un peu sur ma démarche.

9 La plupart des hommes ont ou se piquent d'avoir
assez d'esprit pour juger de tout ; mais s'ils sont tous
pleins d'ardeur pour reprendre les actions ou les paroles
d'autrui, à peine osent-ils tenir la bouche ouverte et la
langue assez déliée pour exposer au grand jour le fruit de
leurs réflexions intérieures. Je ne me repens pas de
m'être exposé à leur censure ; je regretterais plutôt d'avoir
gardé le silence. **10** Car soit que tu suives la voie que je
te trace ou que tu en prennes une autre meilleure, je
t'aurai du moins, dans la mesure de mes forces *, apporté

Ch. VIII, 10. *pro uirili parte* : reprise de l'idée exprimée
dans la *Lettre* I, 1, 9 : *ergo omnes... res huc uocat, quae quisque
optima potest, utei dicant.*

pecuniae desinent, si neque magistratus neque alia
uolgo cupienda uenalia erunt.

⁴Ad hoc prouidendum est tibi quonam modo Italia
atque prouinciae tutiores sint : id quod factu haut
obscurum est. ⁵Nam idem omnia uastant suas dese-
rendo domos et per iniuriam alienas occupando. ⁶Item
ne, uti adhuc, militia iniusta aut inaequalis sit, cum
alii triginta, pars nullum stipendium faciunt. Et frumentum id, quod antea praemium ignauiae fuit, per
municipia et colonias illis dare conueniet qui stipendiis
emeritis domos reuerterint.

⁷Quae rei publicae necessaria tibique gloriosa ratus
sum, quam paucissimis apsolui. ⁸Non peius uidetur
pauca nunc de facto meo disserere. ⁹Plerique mortales
ad iudicandum satis ingenii habent aut simulant.
Verum enim ad reprehendunda aliena facta aut dicta
ardet omnibus animus, uix satis apertum os aut
lingua prompta uidetur quae meditata pectore euoluat. Quibus me subiectum haud paenitet, magis reti-
cuisse pigeret. ¹⁰Nam, siue hac, seu meliore alia uia
perges, a me quidem pro uirili parte dictum et adiu-
tum fuerit. Relicuum est optare uti quae tibi pla-

VIII. **7** *quam paucissimis absolui* : *Iug.*, 17, 2 : cetera quam
paucissimis absoluam ; *Epist.*, II, 13, 8 : quam paucissimis
potui absolui. — **9** *euoluat* : *Epist.*, II, 7, 6 : multaque in
pectore uoluit.

4 obscurum *V* : *an* absurdum ? JORD. *in app.*, *ex* II, 8, 1
‖ **6** faciunt JORD. *in app. dubit.* : faciunt *V*, JORD. *in textu*,
KURF. : *an* faciant ? ‖ **8** non peius *V*, KROLL, *Herm.*, 62, 388,
coll. PLAT., *Phaedr.*, 105a : οὐ γὰρ χεῖρον πολλάκις ἀκούειν
KURF : peius *corruptum* ? JORD. *in app.* ‖ **9** « quae meditata
pectore euoluat *fuisse qui legendum conicerent* » *dicit* CARRIO :
quae medita pectore euolat *V*

ma parole et mon aide. Il me reste seulement à souhaiter
que toute décision que tu prendras reçoive l'approbation
des dieux, et qu'ils en permettent l'heureux succès.

II

I. **1.** Je sais pour ma part combien c'est chose difficile
et délicate que de donner des conseils à un roi, à un général victorieux, bref à tout mortel d'un très haut rang,
d'abord parce que de tels hommes ont force conseillers [1]
pour les assister, et qu'ensuite, en ce qui concerne l'avenir,
personne n'est à même de le savoir ni de le prévoir. **2** De
plus, souvent même les mauvais conseils valent mieux
que les bons, parce que c'est le caprice de la Fortune qui
règle la plupart des événements *. **3** Mais moi, à peine
adolescent, mon goût m'a porté vers la politique [1], et
c'est à la bien connaitre que je consacrai une longue et
sérieuse étude, non pas tant pour y gagner une magistrature, chose que beaucoup avaient obtenue par des procédés coupables *, mais aussi pour bien connaître la situation
de l'État en paix et en guerre, et ses ressources en armes,
en hommes, en argent [2]. **4** C'est ainsi qu'à force de méditer
sur ces questions, j'ai pris le parti de faire passer le soin de
ta dignité avant le souci de ma renommée et de ma réserve,
de tout [1] risquer pour qu'il en rejaillît quelque chose sur
ta gloire. **5** Et cela, ce n'est pas aveuglément ou d'après
ta fortune que je m'y suis résolu, mais c'est qu'en toi,

I, 1 et s. Ce préambule reprend d'abord des idées exprimées
au début de la *Lettre* I, 1, cf. le Commentaire *ad l.*, et l'indication des *loci similes*.

§ 3. On rapprochera de cette profession de foi les chapitres 3
de *Catilina*, et 3-4 de la *Guerre contre Jugurtha* où Salluste
expose les raisons de sa vocation.

cuerint, ea di immortales adprobent beneque euenire
sinant.

II

I. ¹Scio ego quam difficile atque asperum factu sit
consilium dare regi aut imperatori, postremo quoi-
quam mortali quoius opes in excelso sunt, quippe cum
et illis consultorum copiae adsint, neque de futuro
quisquam satis callidus satisque prudens sit. ²Quin
etiam saepe praua magis quam bona consilia prospere
eueniunt, quia plerasque res fortuna ex libidine sua
agitat. ³Sed mihi studium fuit adulescentulo rem
publicam capessere, atque in ea cognoscenda multam
magnamque curam habui ; non ita ut magistratum
modo caperem, quem multi malis artibus adepti erant,
sed etiam ut rem publicam domi militiaeque quan-
tumque armis, uiris, opulentia posset cognitum habuerim. ⁴Itaque mihi multa cum animo agitanti consilium fuit famam modestiamque meam post tuam
dignitatem haberei et quoius rei lubet periculum
facere, dum quid tibi ex eo gloriae acciderit. ⁵Idque
non temere neque ex fortuna tua decreui, sed quia

I. 1 *scio ego* : *Iug.*, 85, 1 : scio ego (init. orat. Marii). —
in excelso . *Cat.*, 51, 12 . in excelso aetatem agunt. — 2 *fortuna ex libidine* . cf. *Epist.* I, 1 ; *Cat.*, 8, 1. — 3 *sed mihi
studium fuit* : *Cat.*, 3, 3 : sed ego adulescentulus... studio ad
r. p. latus sum. — 4 *post tuam dignitatem* : *Iug.*, 73, 6 : post
illius honorem ducerent.

Post sinant *spatium duorum uersiculorum non conscriptum
in V* : *Epistula suppl.*, Jord.
I. 3 quem multi *edd.* : quam multi *V* ‖ cognitum *V* ; — tam
edd. uett. ‖ 4 haberei *V*, Jord., Kurf. : *an* habere ? ‖ acciderit
V : accederet Ald. ; *an* accideret ?

entre toutes tes qualités j'en ai découvert une particuliè-
rement admirable, je veux dire une grandeur d'âme qui
se révélait plus encore dans les revers que dans les succès.
6 Mais parmi les autres mortels [1], une chose plus évi-
dente encore, c'est que les hommes sont plus vite fatigués
de louer et d'admirer ta générosité que toi de te couvrir
de gloire *.

II. 1 A la vérité, je suis convaincu [1] qu'il ne peut se
trouver de difficulté si profonde que ta réflexion ne
résolve aisément ; **2** et si je te fais connaître par écrit
mon sentiment sur les affaires publiques, ce n'est pas que
j'aie trop bonne opinion de mon jugement et de mon intelligence, mais te sachant absorbé par les tâches de la
guerre et par les combats, les victoires, les soins du commandement, j'ai pris sur moi de te renseigner sur la situation en ville [1]. **3** Car si tu n'as dans ton cœur d'autre
dessein que de te dégager des assauts de tes adversaires,
et de conserver les faveurs du peuple malgré l'opposition
d'un consul [1], ce sont là des pensées indignes de ta valeur*.
4 Mais si réside en toi le même courage qui, dès tes premiers
essais, mit en déroute la faction de la noblesse [1], qui,
délivrant la plèbe romaine du poids de la servitude, lui
restitua sa liberté, qui, pendant ta préture, sans recourir
aux armes, dispersa celles de tes adversaires, qui, dans la
paix comme dans la guerre, t'a fait faire tant d'actions, et
si glorieuses que même tes ennemis n'osent se plaindre

I, 6 fin. L'expression « parmi les autres mortels » est maladroite, aussi a-t-on proposé de lire *per deos immortalis* « au
nom des dieux immortels » ; la correction est ingénieuse, mais
ne paraît pas nécessaire. La fin du chapitre se retrouve dans
la *Lettre* I, 1, 2.

II, 3. Ces conseils sur la politique à suivre par César ne
diffèrent guère de ceux qui sont exprimés dans la *Lettre* I :
notamment même mise en garde contre la démagogie égoïste,
et l'exercice de représailles.

in te praeter ceteras artem unam egregie mirabilem
comperi: semper tibi maiorem in aduersis quam in
secundis rebus·animum esse. ⁶Sed per ceteros mortalis
illa res clarior est, quod prius defessi sunt homines
laudando atque admirando munificentiam tuam,
quam tu [in] faciundo quae gloria digna essent.

II. ¹Equidem mihi decretum est nihil tam ex alto
reperiri posse, quod non cogitanti tibi in promptu sit.
²Neque eo quae uisa sunt de re publica tibi scripsi
quia mihi consilium atque ingenium meum amplius
aequo probaretur, sed inter labores militiae interque
proelia, uictorias, imperium statui admonendum te de
negotiis urbanis. ³Namque tibi si id modo in pectore
consilii est ut te ab inimicorum impetu uindices,
quoque modo contra aduersum consulem beneficia
populi retineas, indigna uirtute tua cogitas. ⁴Sin in te
ille animus est qui iam a principio nobilitatis factionem disturbauit, plebem Romanam ex graui seruitute
in libertatem restituit, in praetura inimicorum arma
inermis disiecit, domi militiaeque tanta et tam praeclara facinora fecit ut ne inimici quidem queri quic-

---

5 *artem unam egregie memorabilem*: *Iug.*, 79, 1 : egregium
atque memorabile facinus... memorare. — **6** *munificentiam* :
Cat., 54, 2 : Caesar beneficiis ac munificentia magnus habe-
batur ; *Epist.*, I, 1, 2 : ut prius defessi sint homines laudando
facta tua quam tu laude digna faciundo.
    II. **1** *in promptu sit* : *Cat.*, 7, 1 : ingenium in promptu
habere ; *Iug.*, 111, 1 : id adeo in promptu esse. — I. **2** *amplius
aequo* : *Cat.*, 51, 11 : multi grauius aequo habuere. — **4** *Cat.*,
53, 2 : domi militiaeque... praeclara facinora fecit.

    6 per ceteros mortalis *V* ; JORD. KURF. : per deos immorta-
lis *Carrio in ed. Variorum Thysii, Amstelodami* 1654, *Lefebvre,
Briconet, secutus, edd.* ‖ in *del. Rom.*: habet *V*, « *defendit* JORD.,
coll., I, 5, 8, *sed cf.* 1, 1, 2 » (KURF.).
    II. **1** reperiri *V* : repeti CIACC., JORD. ‖ eo *V* : ego *in V corr.
manus recens* ‖ disturbauit *ed. Mant.* : — babit *V*.

que de ta magnanimité ; consens à écouter ce que je veux
te dire sur l'ensemble de la politique ; je suis sûr que tu
n'y trouveras rien qui ne soit vrai [2], ou du moins qui ne
s'en approche.

III. 1 Or, puisque Pompée, soit par perversité d'esprit [1], soit parce qu'il n'aimait rien mieux que de chercher
à te nuire, est tombé assez bas pour remettre aux mains
de nos ennemis les mêmes armes qui lui ont servi à trou-
bler la république [2], il te faut en user maintenant pour y
rétablir l'ordre [*]. 2 Sa première faute est d'avoir remis à
une poignée de sénateurs [1] la suprême disposition des
impôts, des dépenses, des tribunaux ; quant à la plèbe
romaine, à qui auparavant revenait le pouvoir suprême,
par des lois qui ne sont même pas égales pour tous, il l'a
laissée dans son esclavage. 3 Les tribunaux sans doute
ont été confiés aux trois ordres [1], comme auparavant ;
mais c'est toujours la même faction qui gouverne, qui
donne les charges et les retire à son gré, qui traque les
honnêtes gens, qui élève aux honneurs ses créatures. 4 Ni
le crime, ni la honte, ni l'infamie ne peuvent les empêcher
de s'emparer des magistratures. Tout ce qui leur convient,
ils le raflent, ils le pillent ; en un mot, comme dans la
prise d'une ville, ils n'ont d'autres lois que leurs passions
et leur bon plaisir. 5 J'avoue que pour ma part je ne m'en
affligerais que médiocrement, s'ils fondaient sur une victoire acquise par leur valeur le droit d'asservir qu'ils
exercent à leur manière. 6 Mais ce sont les plus lâches des
hommes, qui n'ont de force et de courage que dans la
langue, et qui abusent insolemment du pouvoir que le
hasard et l'indifférence d'autrui leur a mis entre les mains.

Ch. III, 1. Le début de ce chapitre permet de penser
que cette Lettre a été, ou du moins est censée avoir été écrite
avant le début des hostilités entre César et Pompée, cf. *Introduction*, p. 16.

quam audeant nisi de magnitudine tua : quin tu
accipe ea quae dicam de summa republica. Quae
profecto aut uera inuenies aut certe haud procul a
uero.

III. [1]Sed quoniam Cn. Pompeius aut animi prauitate aut quia nihil eo maluit quod tibi obesset, ita
lapsus est ut hostibus tela in manus iaceret quibus
ille rebus rem publicam conturbauit, eisdem tibi res-
tituendum est. [2]Primum omnium summam potestatem moderandi de uectigalibus, sumptibus, iudiciis
senatoribus paucis tradidit, plebem Romanam, quoius
antea summa potestas erat, ne aequeis quidem legibus in seruitute reliquit. [3]Iudicia tametsi, sicut antea,
tribus ordinibus tradita sunt, tamen idem illi factiosi
regunt, dant, adimunt quae lubet, innocentis circum-
ueniunt, suos ad honorem extollunt. [4]Non facinus, non
probrum aut flagitium obstat quo minus magistratus
capiant. Quos commodum est trahunt, rapiunt ; postremo, tanquam urbe capta, libidine ac licentia sua
pro legibus utuntur. [5]Ac me quidem mediocris dolor
angeret, si uirtute partam uictoriam more suo per
seruitium exercerent. [6]Sed homines inertissimi, quorum omnis uis uirtusque in lingua sita est, forte atque
alterius socordia dominationem oblatam insolentes

III, 3 *innocentis circumuoniunt* : *Cat.*, 51, 40 : circu-
mueniri innocentes. — 4 *trahunt rapiunt* : *Cat.*, 11, 4 :
rapere omnes trahere. — *tanquam urbe capta* : *Cat.*, 52, 4 :
capta urbe e. q. s. — 5 *uictoriam... exercerent* : *Cat* , 38,
4 : uictoriam crudeliter exercebant. — *omnis uis uirtusque* :
cf. *Cat* , 1 2 nostra·omnis uis in animo et corpore sita est. —
dominationem... agitant : *Cat* , 9 5 : imperium agitabant.

III. 3 lubet ALD. : iubet *V* ‖ 5 seruitium *V*, JORD., KURF. :
saeuitiam KROLL. *coll. Cat.* 38, 4 (crudeliter).

7 Car quelle autre sédition, quelle discorde civile a détruit aussi radicalement tant et de si illustres familles ? A qui la victoire a-t-elle jamais inspiré tant d'emportement et de démesure ?

IV. 1 L. Sylla, à qui, selon le droit de la guerre, sa victoire donnait toute licence, tout en comprenant que la mort de ses ennemis pouvait fortifier son parti, n'en fit pourtant périr qu'un petit nombre [1], et il aima mieux retenir le reste par les bienfaits que par la terreur [*]. **2** Mais cette fois, grands dieux ! c'est sur l'ordre de M. Caton, de L. Domitius et des autres chefs de la même faction que quarante sénateurs, sans compter nombre de jeunes gens de bonne espérance, ont été massacrés comme des victimes [1] ; et cependant cette engeance détestable n'a pu assouvir sa soif dans le sang de tant de malheureux citoyens : enfants orphelins, parents à la fin de leur âge, gémissements des maris, lamentations des femmes, rien n'a pu fléchir leur âme inhumaine ; loin de là, plus acharnés de jour en jour à faire le mal en actes et en paroles, ils allaient dépouillant les uns de leur dignité [2], les autres de leur qualité de citoyens [3].

3 Mais que dirais-je de toi-même ? Toi, que ces âmes basses ne cherchent qu'à humilier, s'ils pouvaient, même en échange de leur vie ; et qui ont moins de plaisir à exercer leur domination — si inespérée soit-elle —, que de chagrin à voir la dignité dont tu es revêtu ; même ils préféreraient hasarder leur liberté pour causer ta perte, plutôt que de voir l'empire du peuple romain, déjà si grand, devenir grâce à toi le plus grand de tous. **4** Tu n'en

Ch. IV, 1. Sur cet éloge inattendu de la clémence de Sylla, v. plus bas, Commentaire, p. 76. PLUTARQUE *Vie de Sylla, passim*, notamment ch. 63, 66 (Amyot) donne un tableau plus sombre, et sans doute plus exact, des proscriptions du dictateur.

agitant. [7]Nam quae seditio aut dissensio ciuilis tot
tam inlustris familias ab stirpe euertit ? Aut quorum
unquam in uictoria animus tam praeceps tamque
inmoderatus fuit ?

IV. [1]L. Sulla, cui omnia in uictoria lege belli
licuerunt, tametsi supplicio hostium partis suas mu-
niri intellegebat, tamen paucis interfectis ceteros
beneficio. quam metu retinere maluit. [2]At hercule
M. Catoni L. Domitio ceterisque eiusdem factionis
quadraginta senatores, multi praeterea cum spe bona
adulescentes sicutei hostiae mactati sunt, quom inte-
rea inportunissima genera hominum tot miserorum
ciuium sanguine satiari nequierunt : non orbi liberi,
non parentes exacta aetate, non luctus gemitus uirorum, mulierum, immanem eorum animum inflexit,
quein acerbius in dies male faciundo ac dicundo dignitate alios alios, ciuitate euersum irent. [3]Nam quid
ego de te dicam ? cuius contumeliam homines igna-
uissimi uita sua commutare uolunt, si liceat. Neque
illis tantae uoluptati est, tametsi insperantibus accidit, dominatio quanto maerori tua dignitas : quein
optatius habent ex tua calamitate periculum libertatis facere, quam per te populi Romani imperium
maximum ex magno fieri. [4]Quo magis tibi etiam

---

7 *ab stirpe euertit* : *Cat* , 10, 1 : ab stirpe interiit
IV. 2 *satiari nequierunt* : *Or. Lep.* 5 : non tot exercituum
clade... satiatus.

7 nam quae *ed. Rom.* : nam que *Mant.* namque *V.*
IV. 2 at hercule M. Catoni O̅ʀᴇʟ. : atherculem catonem *V*
at hercule a M. Catone Mᴏᴍᴍsᴇɴ at hercule nunc cum Catone
Aʟᴅ. ; « *cf. Ed.* Mᴇʏᴇʀ, p. 573 ; M. Gᴇʟᴢᴇʀ, *DLZ*, 1931, 1986
ss. » (Kᴜʀꜰ.), *locus obscurissimus* ‖ nequierunt *edd.* : nequier.
Vl ‖ quein *V, sed* quin *s. s. m. ant.* ‖ 3 quaein *V, sed* quin *s. s.
m. ant.*

dois que plus sérieusement réfléchir sans cesse aux moyens d'établir solidement et de fortifier l'ordre dans l'État. 5 Pour moi, je n'hésiterai pas à t'exposer ce que me suggère mon esprit [1] ; à ta sagesse d'approuver ce que tu jugeras vrai et utile à faire.

V. 1 Je crois, comme je le tiens de nos ancêtres, que l'État est divisé en deux groupes : les patriciens et la plèbe. Autrefois, la suprême autorité appartenait aux patriciens, la plus grande force, de beaucoup, était dans la plèbe [*]. 2 De là sont nées dans l'État de fréquentes sécessions [1] ; et toujours la puissance de la noblesse en est sortie diminuée, les droits du peuple agrandis. 3 La plèbe d'autre part menait une vie libre, parce que personne n'était assez puissant pour s'élever au-dessus des lois ; et ce n'était ni par les richesses ni par l'orgueil, mais par la bonne renommée et les belles actions que le noble dépassait celui qui ne l'était pas ; les citoyens les plus humbles, ne manquant ni aux champs ni à la guerre des choses que réclame une vie honnête, en avaient assez pour eux-mêmes et pour leur patrie. 4 Mais du jour où, expulsés peu à peu de leurs terres, ils furent réduits par le chômage et l'indigence à mener une existence vagabonde, ils se mirent à chercher ailleurs des ressources, à mettre à prix leur liberté avec la république elle-même. 5 C'est ainsi que peu à peu ce peuple, qui dominait et commandait à toutes les nations, perdit son unité, et qu'au lieu de l'empire, ce bien commun à tous, chacun en son particulier se forgea sa propre servitude. 6 Cette multitude donc, imprégnée en premier lieu d'habitudes mauvaises, divisée ensuite par la différence des professions et des modes d'existence, sans

V. 1. Ce chapitre est presque entièrement composé de passages empruntés textuellement au Catilina ; cf. les *Loci similes*.

atque etiam animo prospiciendum est quonam modo rem stabilias communiasque. [5]Mihi quidem quae mens suppetit eloqui non dubitabo ; ceterum tuei erit ingenii probare quae uera atque utilia factu putes.

V. [1]In duas partes ego ciuitatem diuisam arbitror, sicut a maioribus accepi, in patres et plebem. Antea in patribus summa auctoritas erat, uis multo maxuma in plebe. [2]Itaque saepius in ciuitate secessio fuit, semperque nobilitatis opes deminutae sunt et ius populi amplificatum. [3]Sed plebs eo libere agitabat quia nullius potentia super leges erat, neque diuitiis aut superbia sed bona fama factisque fortibus nobilis ignobilem anteibat : humillimus quisque in aruis aut in militia nullius honestae rei egens satis sibi satisque patriae erat. [4]Sed ubi eos paulatim expulsos agris inertia atque inopia incertas domos habere subegit, coepere alienas opes petere, libertatem suam cum re publica uenalem habere. [5]Ita paulatim populus qui dominus erat, cunctis gentibus imperitabat, dilapsus est et pro communi imperio priuatim sibi quisque seruitutem peperit. [6]Haec igitur multitudo primum malis moribus inbuta, deinde in artis uitasque uarias dispalata, nullo modo inter se congruens, parum mihi

---

V. **1** *sicut a maioribus accepi* : *Cat.*, 6. **1** : urbem Romam, sicuti ego accepi, condidere Troiani. — **2** *secessio* : *Cat.*, 33, 3 : saepe plebs... a patribus secessit. — **4** *alienas opes petere* : *Cat.*, 5, 4 : alieni adpetens. — *libertatem... uenalem habere* : *Cat.*, 10, 4 : omnia uenalia habere ; *Iug.*, 35, 10. — **6** *malis moribus imbuta* : *Cat.*, 13, 5 animus inbutus malis artibus. — *dispalata* : eadem uox ap. Sisennam, frg. 35 et 134 (PETER).

V. **3** aruis DOUZA : armis *V ex* anmis ; agris POEHLMANN ‖ rei egens *edd.* : i egens *in ras. V* ‖ **5** erat <ac> *add.* KROLL. ‖ **6** in artis : in artes *V² in mg.* : anartis *V*.

cohésion d'aucune sorte, me paraît peu apte, du moins je
le crois, à gouverner l'État. 7 Mais j'ai bon espoir qu'avec
l'adjonction de nouveaux citoyens, tous se réveilleront à
la voix de la liberté, les uns ayant le souci de conserver
celle qu'ils ont, les autres de sortir d'esclavage. 8 Ces
hommes-là, je suis d'avis que tu les établisses dans les
colonies, les nouveaux mélangés avec les anciens ; ainsi
notre force militaire en sera accrue, et d'autre part la
plèbe, retenue par des tâches utiles, cessera de faire le
malheur public [1].

VI. 1 Mais je ne suis pas sans savoir ni sans prévoir,
quand cette réforme se réalisera, quel va être le courroux
des nobles, quelles tempêtes ils vont déchaîner ; ils pro-
testeront, indignés, que tout est bouleversé de fond en
comble, que c'est imposer la servitude aux citoyens de
vieille souche, enfin que la monarchie va prendre la place
d'un état libre, du moment que par la faveur d'un seul une
multitude immense sera parvenue au droit de cité[*]. 2 En
vérité je suis fermement d'avis que c'est se rendre coupable d'une grande faute que de vouloir aux dépens de
l'État devenir populaire ; mais si le service du bien public
peut servir aussi l'intérêt particulier, hésiter à l'entre-
prendre c'est, à mon sens, preuve de sottise et de lâcheté.
3 Marcus Drusus [1] n'eut d'autre dessein, durant son tribunat, que de servir de toutes ses forces la cause des
nobles, et au commencement, il se fit une règle de n'agir
que sur leur autorité. 4 Mais quand ces intrigants, plus
épris de ruse et de malice que de loyauté, eurent compris
qu'un seul homme allait accorder à une foule d'individus
le plus grand des bienfaits, conscients qu'ils étaient dans

VI. 1. *Regnum* : la monarchie. Depuis l'expulsion des rois,
les mots *rex*, *regnum* avaient pris un sens péjoratif ; et l'on
sait par Suétone, *César* ch. 79, que le dictateur eut peine à
repousser l'accusation infamante d'avoir prétendu même au
titre de roi : « *Neque ex eo infamiam affectati etiam regii nominis discutere valuit* », malgré ses protestations.

quidem idonea uidetur ad capessendam rem publicam. [7]Ceterum additis nouis ciuibus magna me spes tenet fore ut omnes expergiscantur ad libertatem ; quippe cum illis libertatis retinendae, tum his seruitutis amittendae cura orietur. [8]Hos ego censeo permixtos cum ueteribus nouos in coloniis constituas : ita et res militaris opulentior erit et plebs bonis negotiis impedita malum publicum facere desinet.

VI. [1]Sed non inscius neque inprudens sum, quom ea res agetur, quae saeuitia quaeque tempestates hominum nobilium futurae sint, quom indignabuntur omnia funditus misceri, antiquis ciuibus hanc seruitutem inponi, regnum denique ex libera ciuitate futurum, ubi unius munere multitudo ingens in ciuitatem peruenerit. [2]Equidem ego sic apud animum meum statuo : malum facinus in se admittere qui incommodo rei publicae gratiam sibi conciliet ; ubi bonum publicum etiam priuatim usui est, id uero dubitare adgredi socordiae atque ignauiae duco. [3]M. Druso semper consilium fuit in tribunatu summa ope niti pro nobilitate ; neque ullam rem in principio agere intendit, nisi illei auctores fuerant. [4]Sed homines factiosi, quibus dolus atque malitia fide cariora erant, ubi intellexerunt per unum hominem maximum beneficium multis mortalibus dari, uidelicet sibi quisque

---

7 *magna me spes tenet*: *Cat.*, 58, 18 : magna me spes uictoriae tenet. — *expergiscantur* : *Cat.*, 20, 14 : quin igitur expergiscimini.

VI. 2 *ego statuo* : *Iug.*, 110, 3 : apud animum meum nihil carius habeo. — 4 *quibus dolus... fide cariora erant* : *Iug.*, 16, 4 : paucis carior fides quam pecunia fuit.

VI. 1 quom ea *V, s. s.* cum : quo mea *l* ‖ 2 adgredi : adgredi * *V una littera erasa (fortasse* s) ‖ ignauiae *om. V in textu, restit. in mg.* ‖ 3 illei Jonn. : ille *V corr. ex* ille

leur for intérieur de leur malice et de leur déloyauté, ils jugèrent Drusus comme ils se jugeaient eux-mêmes. 5 Ainsi, par crainte de le voir, grâce à l'immense influence dont il allait jouir, devenir seul maître du pouvoir, réunissant leurs efforts pour contrarier cette influence, ils firent échouer leurs propres projets en même temps que les siens. 6 Tu vois par là, César, qu'il te faut redoubler de soins pour t'assurer des amis fidèles et des appuis nombreux.

VII. 1 Abattre un ennemi de face, ce n'est pas difficile pour un homme brave ; ne point recourir aux armes secrètes aussi bien que les éviter est à la portée des honnêtes gens [1]. 2 Aussi, quand tu auras admis ces nouveaux citoyens, puisque la plèbe sera renouvelée, emploie toutes les ressources de ton esprit à faire respecter les bonnes mœurs, à cimenter la concorde entre les vieux et les jeunes. 3 Mais de beaucoup le plus grand bien que tu puisses procurer à la patrie, aux citoyens, à toi-même, à nos enfants, enfin à tout le genre humain, c'est de détruire l'amour de l'argent, ou du moins, autant que faire se pourra, de l'amoindrir. Autrement, il n'est possible de diriger ni les affaires privées, ni les affaires publiques, ni en paix, ni en guerre. 4 Car dès que la passion des richesses a envahi les cœurs, savoir, talents, génie, rien ne compte plus, l'âme elle-même, plus ou moins tard, finit pourtant par succomber[*]. 5 J'ai souvent entendu [1] citer les rois, les cités, les nations à qui l'opulence avait fait perdre les grands empires qu'ils avaient conquis par leur valeur au temps de leur pauvreté. 6 Et cela n'a rien du tout d'éton-

---

VII, 3, 4. Nouvelle déclamation contre l'amour de l'argent, qui figure souvent dans le *Catilina*, par ex. ch. 10, 3 : *namque auaritia fidem, probitatem ceterasque artes bonas subuortit, pro his superbiam, crudelitatem, deos neglegere, omnia uenalia habere edocuit* ; 11, 3, *auaritia... semper infinita, insatiabilis est, neque copia neque inopia minuitur.*

conscius malo atque infido animo esse, de M. Druso
iuxta ac se existumauerunt. ⁵Itaque metu ne per
tantam gratiam solus rerum poteretur, contra eam
nisi, sua et ipseius consilia disturbauerunt. ⁶Quo tibi,
imperator, maiore cura fideique amici et multa prae-
sidia paranda sunt.

VII. ¹Hostem aduersum deprimere strenuo homini
haud difficilest ; occulta pericula neque facere neque
uitare bonis in promptu est. ²Igitur, ubi eos in ciuitatem adduxeris, quoniam quidem renouata plebs erit,
in ea re maxume animum exerceto ut colantur boni
mores, concordia inter ueteres et nouos coalescat.
³Sed multo maxumum bonum patriae, ciuibus, tibi,
liberis, postremo humanae genti pepereris, si studium
pecuniae aut sustuleris aut, quoad res feret, minueris.
Aliter neque priuata res neque publica, neque domi
neque militiae regi potest. ⁴Nam ubi cupido diuitia-
rum inuasit, neque disciplina neque artes bonae neque
ingenium ullum satis pollet quin animus, magis aut
minus mature, postremo tamen, succumbat. ⁵Saepe
iam audiui qui reges, quae ciuitates et nationes per
opulentiam magna imperia amiserint quae per uirtutem inopes ceperant. Id adeo haud mirandum est.
⁶Nam ubi bonus deteriorem diuitiis magis clarum

VII. 2 *inter ueteres... coalescat* : *Iug.*, 87, 3 : noui ueteresque
coaluere. — 3 *multo maxumum bonum* : *Cat.*, 36, 4 : multo
maxume miserabile. — *studium pecuniae* : *Cat.*, 11, 3 : auaritia pecuniae studium habet. — 4 *satis pollet* : *Iug.*, 1, 3 :
abunde pollens potensque et clarus est (animus). — *Cat.*, 51, 3 :
si lubido possidet, ea dominatur, animus nihil ualet.

4 iuxta ac se *V*, Kurf. : iuxta se Jord. iuxta ac de se Gerl.
‖ 6 maiore Gerl. : maior *V*.

VII. 3 patriae, ciuibus, parentibus, liberis *coni.* Fr. Horns-
tein *Rh. M.*, C, 1957, 393 *s.* ‖ feret Ald. : referet *V*. ‖ 5 id
adeo Asul. : id eo *V*.

nant. Car si l'homme de bien voit un individu loin de le
valoir qui doit à ses richesses d'être toujours plus célèbre
et plus populaire, il est d'abord déconcerté, et roule en
lui-même une foule de réflexions [1] ; mais à mesure qu'il
voit la gloriole l'emporter de jour en jour sur l'honneur,
et l'opulence sur le mérite, il abandonne la vraie voie pour
aller vers le plaisir. **7** Car c'est la gloire qui est l'aliment
de l'effort ; supprimez-la, la vertu par elle-même est
amère et rebutante. **8** En un mot, partout où les richesses
sont en honneur, on attache peu de prix à toute autre
qualité, loyauté, probité, pudeur, chasteté. **9** C'est qu'il
n'y a qu'un chemin pour mener à la vertu, et un chemin
escarpé ; pour atteindre la richesse, chacun est libre de
choisir sa voie ; elle se crée par tous les moyens, bons ou
mauvais. **10** Donc que ton premier geste soit d'enlever à
l'argent son prestige. Que ce ne soit plus la richesse qui
donne plus ou moins le droit de décider de la vie ou de
l'honneur d'autrui ; de même, que ni préteur ni consul ne
soient nommés sur leur opulence mais sur leur mérite.
11 En ce qui concerne les magistratures il est aisé de s'en
remettre au jugement du peuple [1] : réserver à une oli-
garchie le choix des juges, c'est tyrannique ; les choisir
d'après leur argent, c'est malhonnête. C'est pourquoi je
suis d'avis que la judicature soit déférée à tous les membres
de la première classe, à condition qu'ils soient plus nombreux que les juges actuels. **12** Ni les Rhodiens [1], ni
d'autres états ne se sont jamais plaints de leurs tribunaux,
où côte à côte le riche et le pauvre, selon que le sort a
prononcé, débattent sur les grandes comme sur les plus
petites causes.

VIII. **1** Quant à la nomination des magistrats, je me
range non sans raison à la loi promulguée par C. Gracchus
pendant son tribunat [1], qui ordonnait que les centuries
fussent tirées au sort, pour être convoquées, parmi les
cinq classes sans distinction ; **2** de cette façon tous, se

magisque acceptum uidet, primo aestuat multaque in
pectore uoluit ; sed ubi gloria, honore magis in dies
uirtutem opulentia uincit, animus ad uoluptatem a
uero deficit. [7]Quippe gloria industria alitur : ubi eam
dempseris, ipsa per se uirtus amara atque aspera est.
[8]Postremo ubi diuitiae clarae habentur, ibi omnia
bona uilia sunt, fides, probitas, pudor, pudicitia.
[9]Nam ad uirtutem una ardua uia est, ad pecuniam
qua cuique lubet nititur : et malis et bonis rebus ea
creatur. [10]Ergo in primis auctoritatem pecuniae demito. Neque de capite neque de honore ex copiis quisquam magis aut minus iudicauerit, sicut neque
praetor neque consul ex opulentia, uerum ex dignitate
creetur. [11]Sed de magistratu facile populi iudicium
fit : iudices a paucis probari regnum est, ex pecunia
legi inhonestum. Quare omnes primae classis iudicare
placet, sed numero plures quam iudicant. [12]Neque
Rhodios neque alias ciuitates unquam iudiciorum
suorum paenituit, ubi promiscue diues et pauper, ut
cuique fors tulit, de maximis rebus iuxta ac de minimis disceptat.

VIII. [1]Sed magistratibus creandis haud mihi quidem apsurde placet lex quam C. Gracchus in tribunatu promulgauerat, ut ex confusis quinque classibus
sorte centuriae uocarentur. [2]Ita coaequata dignitate

10 *neque praetor neque consul* : *Iug.*, 4, 8 : proinde quasi
praetura et consulatus... magnifica sint.

6 honore Edmar *Stud.*, *99s.*, Kurf. : honorem V ‖ una
ardua uia est V (uia *s. s. m. ant.*), Kurf. : una<et>ardua
uia est Ald..; uia ardua est Jord. *del.* una ‖ 12 promiscue
Vm^2 : promisce V.
VIII. 2 coaequata *ego* : coaequatur *edd.* ; coaequantur V,
Orel. *qui deinde* pecuniae.

voyant égalisés [1] par le rang comme par la fortune, ne s'empresseront plus de rivaliser entre eux que par la vertu. 3 Tels sont les remèdes que je propose comme les plus puissants pour lutter contre les richesses. Car on ne loue et on ne recherche les choses que dans la mesure où elles sont utiles ; la méchanceté ne s'exerce qu'en vue d'en recueillir les fruits ; ôtez en l'espérance, personne ne fait le mal gratuitement*. 4 Au reste, l'avarice est un monstre sauvage, cruel, intraitable : partout où elle se glisse, elle désole les villes, les campagnes, les temples, les maisons ; elle ne respecte ni le sacré ni le profane ; ni armées ni murailles ne peuvent l'empêcher de pénétrer de force ; renommée, pudeur, enfants, patrie, parents, il n'est rien dont elle ne dépouille les mortels. 5 Mais si tu ôtes à l'argent l'honneur qui s'y attache, cette immense force de l'avarice sera vaincue aisément par l'honnêteté des mœurs. 6 Pourtant, quoique tous les hommes, justes ou injustes, reconnaissent qu'il en est ainsi, tu n'en auras pas moins à mener une lutte sévère contre la faction de la noblesse ; mais si tu te gardes de leurs fourberies, tout le reste te sera aisé. 7 Car s'ils avaient tant soit peu de courage, ils songeraient plus à être les émules que les envieux des bons citoyens ; mais comme ils sont envahis par la paresse, la fainéantise, la stupidité et la torpeur, ils grondent, ils invectivent, ils considèrent la bonne renommée d'autrui comme un déshonneur pour eux.

IX. 1 Mais pourquoi parler plus longuement d'eux comme de gens inconnus ? Est-ce par le courage et la grandeur d'âme que M. Bibulus [1] s'est poussé jusqu'au

---

Ch. VIII, 3, fin. « La méchanceté... personne ne fait le mal gratuitement. » *Sententia* empruntée au *Discours de Philippe* tiré des *Histoires* ; cf. aussi *Catil.*, 16, 3 : ... *ne per otium torpescerent manus aut animus, gratuito potius malus atque crudelis erat* ; *Jug.*, 85, 8 : *quas ante beneficia nostra gratuito faciebam, ea ut accepta mercede deseram, non est consilium, Quirites.*

pecunia, uirtute anteire alius alium properabit. ³Haec
ego magna remedia contra diuitias statuo. Nam
perinde omnes res laudantur atque adpetuntur ut
earum rerum usus est. Malitia praemiis exercetur :
ubi ea dempseris, nemo omnium gratuito malus est.
⁴Ceterum auaritia belua fera, inmanis, intoleranda
est ; quo intendit, oppida, agros, fana atque domos
uastat, diuina cum humanis permiscet, neque exercitus neque moenia obstant quominus ui sua penetret ;
fama, pudicitia, liberis, patria atque parentibus
cunctos mortalis spoliat. ⁵Verum, si pecuniae decus
ademeris, magna illa uis auaritiae facile bonis moribus
uincetur. ⁶Atque haec ita sese habere tametsi omnes
aequi atque iniqui memorant, tamen tibi cum factione nobilitatis haut mediocriter certandum est.
Quoius si dolum caueris, alia omnia in procliui erunt.
⁷Nam ii, si uirtute satis ualerent, magis aemuli
bonorum quam inuidi essent. Quia desidia et inertia,
stupor eos atque torpedo inuasit, strepunt, obtrectant,
alienam famam bonam suum dedecus aestumant.

IX. ¹Sed quid ego plura quasi de ignotis memo-
rem ? M. Bibuli fortitudo atque animi uis in consula-

VIII. 2 *properabit* : *Cat.*, 7, 6 . se quisque hostem ferire...
properabat. — 3 *malitia — nemo... malus est* : *Or. Phil.* 9 :
ubi malos praemia sequontur, haud facile quisquam gratuito
bonus est (*Cat.*, 16, 3). — 4 *belua... immanis* : *Iug.*, 31, 12 :
homines... immani auaritia. — *diuina... permiscet* : *Cat.*, 12, 2 :
diuina atque humana promiscua... habere. — 6 *factione nobilitatis* : *Cat.*, 34, 2 : factioni inimicorum ; *Iug.*, 31, 4 : factionis potentiae. — 7 *magis aemuli... quam inuidi* : *Cat.*, 51,
58 : imitari quam inuidere bonis malebant.

anteire : antire *V* ‖ 4 quo intendit : quod (*corr. m²*) intendit
(*ex* incendit *m¹*) *V* ‖ 5 ademeris *V* : dempseris Vogel (cf. I,
5, 4 ; II, 7, 7, 10 ‖ 6 haut : aut *V*.

consulat ? Langue embarrassée, dans l'esprit plus de
méchanceté que d'habileté, que pourrait oser cet homme
que le pouvoir suprême du consulat a marqué d'un suprême déshonneur ? 2 Y a-t-il grande force à craindre de
Lucius Domitius [2], dont il n'est pas un seul membre qui ne
soit exempt de scandale ou de crime ? une langue mensongère, des mains sanglantes, des pieds prompts à fuir, les
parties qu'on ne peut honnêtement nommer, déshonorées
par tous les vices.

3 J'excepte toutefois le seul M. Caton [3] : esprit délié,
beau parleur, habile politique, je ne puis le mépriser. Ces
qualités, c'est à l'école des Grecs qu'on les acquiert. Mais
courage, vigilance, travail, il n'y en a pas trace chez les
Grecs ; des gens en effet qui chez eux ont perdu par indolence la liberté, crois-tu que leurs leçons puissent servir à
gouverner un empire ? 4 Les autres membres de cette
faction sont des nobles san : le moindre talent, auxquels,
comme sur une épitaphe, on ne peut rien ajouter que leur
beau nom. Un Lucius Postumius, un Marcus Favonius [1]
ressemblent, selon moi, à ces bagages superflus dont on
charge un grand vaisseau : si l'on parvient à bon port, on
les utilise ; s'il s'élève quelque traverse, ce sont eux les premiers qu'on jette à la mer, comme ayant le moins de prix.

X. 1 Maintenant que je crois m'être suffisamment
expliqué sur les moyens de rajeunir [1] et de réformer la
plèbe, je vais te dire comment procéder, selon moi, à
l'égard du Sénat. 2 Lorsqu'avec l'âge mon esprit se fut

Ch. IX, 3. 1. Même mépris pour les Grecs que dans le discours de Marius devant le peuple, *Jug.* 85, 32 : *neque litteras
Graecas didici* ; *parum placebat eas discere, quippe quae ad
uirtutem doctoribus nihil profuerant.*

4. *sicut in titulo* e. q. s. Texte douteux, mais le sens général
est clair. Cf. Labérius, 124 Ribb. :

　　　sepulcri similis nil nisi nomen retineo.

tum erupit ; hebes lingua, magis malus quam callidus
ingenio : quid ille audeat, quoi consulatus, maximum
imperium, maxumo dedecori fuit ? [2]An L. Domiti
magna uis est, quoius nullum membrum a flagitio aut
facinore uacat ? lingua uana, manus cruentae, pedes
fugaces ; quae honeste nominari nequeunt, inhonestissima. [3]Vnius tamen M. Catonis ingenium uersutum,
loquax, callidum haud contemno. Parantur haec
disciplina Graecorum. Sed uirtus, uigilantia, labor apud
Graecos nulla sunt : quippe qui domi libertatem suam
per inertiam amiserint, censesne eorum praeceptis
imperium haberi posse ? [4]Reliqui de factione sunt
inertissimi nobiles, in quibus sicut in titulo praeter
bonum nomen nihil est additamenti. L. Postumii
M. Fauonii mihi uidentur quasi magnae nauis superuacuanea onera esse : ubi salui peruenere, usui sunt ;
si quid aduersi coortum est, de illeis potissimum
iactura fit, quia pretii minimi sunt.

X. [1]Nunc quoniam, sicut mihi uideor, de plebe
renouanda conrigendaque satis ·disserui, de senatu
quae tibi agenda uidentur, dicam. [2]Postquam mihi

IX. 2 *quoius nullum membrum... uacat* : *Inu. in Cic.*, 3, 5 :
mercennarius patronus, cuius nulla pars corporis a turpitudine
uacat *e. q. s. usque ad* inhonestissima ; Cic., *Phil.*, II, 19, 47 ;
Sall., *Iug.*, 31, 12. — 3 *disciplina Graecorum* : *Iug.*, 85, 32
(*oratio Marii in contione habita*).
X. 2 *postquam... adoleuit* : *Iug.*, 63, 3 : ingenium breui adoleuit.

IX. 1 quid ille *V corr.* : quod ille *V*[1] || quoi : qui *V*, *Rom.*
cui *Laet.*, *l* || 2 honeste *Rom.* : — tae *V* || 3 tamen *V* : *an* tan-
tum ? Jord *in app.* || 4 titulo Jord. : instituto *V*, *tuetur*
Orel. in statua nihil praeter nomen Lips. || additamenti *V* :
additamenta L. Postumi M. Fauoni Orel., *coll. cap.*, XI, 6, *ubi*
additament *idem quod* adiumenta *significat* (Jord.) || salui :
exspectes salua (*sc.* onera), *sed ad* Postumii, Fauonii *adludit*
Ps. Sall. || peruenere *V*[4] : — nire *V*[1].

mûri, au lieu d'exercer mon corps au maniement des armes ou à l'équitation, j'appliquai mon esprit à l'étude des belles-lettres ; je me consacrai aux travaux pour lesquels je me sentais le plus doué. **3** Or, en vivant ainsi, à force de lire et d'écouter, j'ai découvert que tous les royaumes, les cités, les nations ont maintenu leur empire dans la prospérité tant que les bons conseils y prévalurent; que partout où la faveur, la crainte, la volupté ont introduit la corruption, bientôt après les forces ont diminué, puis l'empire a été abandonné, enfin la servitude s'y est imposée. **4** Pour ma part, voici ce qui me paraît fermement établi : tout homme qui occupe dans sa cité un rang plus haut et plus en vue que les autres est aussi plus préoccupé de défendre l'intérêt public. **5** Pour les autres en effet, seule leur liberté dépend du salut de leur ville ; mais pour ceux à qui leur mérite [1] a procuré fortune, estime, honneurs, si l'État se met à décliner ou à connaître quelque agitation, ils sont tourmentés de mille façons par les soucis et les fatigues : ils ont à défendre [2] soit leur gloire, soit leur liberté, soit leur patrimoine ; il leur faut être partout présents, se démener de tous côtés ; plus ils ont été florissants dans la prospérité, plus ils sont tourmentés par les soucis et l'anxiété dans l'adversité. **6** Lors donc que la plèbe obéit au Sénat comme le corps à l'âme, et qu'elle exécute ses décrets, c'est aux sénateurs qu'il revient de déployer leur sagesse ; pour le peuple, toute habileté est superflue. **7** C'est pourquoi nos ancêtres, alors qu'ils pliaient sous le poids des guerres les plus rudes, malgré la perte de leurs chevaux, de leurs hommes, de leur argent, ne se lassèrent jamais de lutter par les armes pour sauver leur

Ch. X, 2. 1. Souvenir peut-être du portrait de Jugurtha, dans le *De bello Iug.*, 6, 1 « ... *uti mos gentis illius est, equitare, iaculari, cursu cum aequalibus certare...* ».

aetas ingeniumque adoleuit, haud ferme armis atque
equis corpus exercui, sed animum in litteris agitaui :
quod natura firmius erat, id in laboribus habui.
[3]Atque ego in ea uita multa legendo atque audiendo
ita comperi omnia regna, item ciuitates et nationes
usque eo prosperum imperium habuisse dum apud
eos uera consilia ualuerunt : ubicumque gratia, timor,
uoluptas ea corrupere, post paulo inminutae opes,
deinde ademptum imperium, postremo seruitus
imposita est. [4]Equidem ego sic apud animum meum
statuo : cuicumque in sua ciuitate amplior inlustri-
orque locus quam aliis est, ei magnam curam esse rei
publicae. [5]Nam ceteris salua urbe tantum modo
libertas tuta est : qui per uirtutem sibi diuitias, decus,
honorem pepererunt, ubi paulum inclinata res publica
agitari coepit, multipliciter animus curis atque laboribus fatigatur : aut gloriam, aut libertatem, aut rem
familiarem defensat, omnibus locis adest, festinat ;
quanto in secundis rebus florentior fuit, tanto in
aduersis asperius magisque anxie agitat. [6]Igitur, ubi
plebs senatui sicuti corpus animo oboedit eiusque
consulta exsequitur, patres consilio ualere decet,
populo superuacuanea est calliditas. [7]Itaque maiores
nostri, cum bellis asperrumis premerentur, equis,
uiris, pecunia amissa, numquam defessi sunt armati
de imperio certare. Non inopia aerarii, non uis hos-

---

3 *multa... audiendo* : *Cat.*, 53,2 : sed mihi multa legenti,
multa audienti... lubuit attendere. — 4 *apud animum statuo* :
cf. supra II, 6, 2. — 5 *defensat* : *Iug.*, 97, 5.

X. 5 tuta *ex* tua *V* ‖ 6 patres *edd.* : patris *V* ‖ 7 premerentur *Rom.* : — ter *V*.

empire. Ni l'épuisement du trésor, ni la force des ennemis, ni les revers ne purent empêcher leur âme magnanime de vouloir conserver au prix même de leur vie ce qu'ils avaient conquis par leur valeur. **8** Et ces succès, ils les ont dus plus à l'énergie de leurs résolutions qu'à leurs victoires dans les batailles. C'est que chez eux seule comptait la république ; c'est à elle qu'ils rapportaient tous leurs conseils ; il n'y avait d'autre parti que contre l'ennemi ; le corps et l'esprit, c'est pour la patrie, non pour servir son ambition personnelle, qu'on les entraînait [1].

9 De notre temps au contraire, des nobles, dont l'indolence et la lâcheté ont envahi les âmes, qui ignorent le travail, les ennemis, le service militaire, qui n'ont de force dans la cité que par leur cabale*, prétendent dans leur orgueil commander à toutes les nations.

XI. **1** C'est pourquoi le Sénat, dont la sagesse autrefois servait de rempart quand la république était en danger, aujourd'hui opprimé, flotte ballotté çà et là au gré du caprice d'autrui ; il décrète tantôt une chose, tantôt une autre ; c'est suivant la haine ou la faveur de ceux qui dominent qu'il estime ce qui est bien ou mal pour l'intérêt public. **2** Mais si la liberté était égale pour tous, ou le vote plus secret, la république y gagnerait en force, et la noblesse y perdrait en puissance. **3** Mais comme il est difficile d'établir l'égalité [1] d'influence pour tous, les uns parce que la vertu de leurs ancêtres leur a laissé en héritage gloire, honneurs, clientèles, que le reste de la multitude est en grande partie d'implantation récente, libère de toute crainte le vote de cette foule ; ainsi dans le secret chacun aimera mieux servir ses propres intérêts

---

X. **9**. *domi factione instructi* : le sens de « fortifiés », d'après *instruere aciem*, est acceptable, et la correction *instructa* de Kroll ne s'impose pas.

tium, non aduersa res ingentem eorum animum subegit quin, quae uirtute ceperant, simul cum anima
retinerent. [8]Atque ea magis fortibus consiliis quam
bonis proeliis patrata sunt. Quippe apud illos una res
publica erat, ei omnes consulebant, factio contra hostis parabatur, corpus atque ingenium patriae, non
suae quisque potentiae exercitabat. [9]At hoc tempore
contra ea homines nobiles, quorum animos socordia
atque ignauia inuasit, ignarei laboris, hostium, militiae, domi factione instructi, per superbiam cunctis
gentibus moderantur.

XI. [1]Itaque patres, quorum consilio antea dubia
res publica stabiliebatur, oppressi ex aliena libidine
huc atque illuc fluctuantes agitantur : interdum alia,
deinde alia decernunt ; uti eorum qui dominantur
simultas aut gratia fert, ita bonum malumque publicum aestumant. [2]Quodsi aut libertas aequa omnium,
aut sententia obscurior esset, maioribus opibus res
publica et minus potens nobilitas esset. [3]Sed quoniam
coaequari gratiam omnium difficile est, quippe cum
illis maiorum uirtus partam reliquerit gloriam, dignitatem, clientelas, cetera multitudo pleraque insiticia
sit, sententias eorum a metu libera : ita in occulto sibi

---

7 *quin... simul cum anima retinerent* : *Cat.*, 33, 4 : cum anima
simul amittit. — **9** *socordia atque ignauia* : *Cat.*, 4, 1 : socordia
atque desidia. — *per superbiam... moderantur* : *Inu. in Cic.*,
1, 1 : in hoc ordine ita moderatur ; *Cat.*, 51, 25 : fortuna,
cuius lubido gentibus moderatur. — *Iug.*, 25, 6 : metu atque
lubidine diuorsus agitabatur.
XI. **3** *insiticia* : *Inu. in Cic.*, 1, 1 : insitus huic urbi ciuis.

9 quin quae ALD. : quique *Vl* quin que MANT. || At *edd.* :
ad *V* || instructi *V* : — ta KROLL.
XI. **1** fert MANT. ALD. : fertur *V* || 3 gratiam *edd.* ; — tia
V Rom.

que la puissance d'un autre. **4** La liberté est également
souhaitable pour tous, bons et méchants, braves et
lâches ; mais la plupart y renoncent par peur : pauvres
sots, qui, dans un combat dont l'issue est encore incertaine, en acceptent, par apathie, le résultat en hommes
déjà vaincus. **5** Je pense donc qu'il y a deux moyens
d'affermir l'autorité du sénat ; c'est d'augmenter le nombre de ses membres [1], et de faire voter par bulletin ; le
bulletin sera comme une tenture derrière laquelle chacun
osera plus librement exprimer son avis, et le grand nombre assurera plus de protection et rendra plus de services. **6** En effet, durant tous ces derniers temps, les uns,
retenus par leurs fonctions publiques dans les tribunaux,
les autres, engagés dans leurs propres affaires ou dans
celles de leurs amis, n'ont guère assisté aux délibérations
sur la politique ; quoique du reste ce soit moins leurs
occupations qui les en aient éloignés que l'orgueilleuse
arrogance des factieux. Des nobles, avec une poignée de
sénateurs [*] dont ils ont grossi leur faction, ont pu faire au
gré de leur caprice tout ce qu'il leur a plu d'approuver, de
blâmer, de décréter. **7** Mais une fois le nombre des sénateurs augmenté et le vote assuré par bulletin, nul doute
qu'ils abandonneront leur orgueil quand il leur faudra
obéir à ceux auxquels ils commandaient naguère avec
tant de cruauté[*].

XII. **1** Peut-être, César, après la lecture de ma lettre,
regretteras-tu [1] de n'y rien trouver sur le nombre de sénateurs qu'ils convient, selon moi, de nommer, sur la
manière de leur distribuer leurs nombreuses et différentes
fonctions, et, puisque je suis d'avis de confier les judica-
tures à tous les sénateurs de la première classe, sur la

XI, 6. *senatoriis* : emploi rare de l'adjectif substantivé,
comme synonyme de *senatoribus*.
7. *imperitabant* : noter la clausule « héroïque » (fin d'hexa-
mètre dactylique), assez fréquente dans le texte.

quisque alterius potentia carior erit. ⁴Libertas iuxta
bonis et malis, strenuis atque ignauis optabilis est ;
uerum eam plerique metu deserunt, stultissimi mortales : quod in certamine dubium est quorsum accidat,
id per inertiam in se quasi uicti recipiunt. ⁵Igitur
duabus rebus confirmari posse senatum puto : si
numero auctus per tabellam sententiam feret. Tabella
obtentui erit, quo magis animo libero facere audeat :
in multitudine et praesidii plus et usus amplior est.
⁶Nam fere his tempestatibus, alii iudiciis publicis, alii
priuatis suis atque amicorum negotiis implicati,
haud sane rei publicae consiliis adfuerunt. Neque eos
magis occupatio quam superba imperia distinuerunt ;
homines nobiles cum paucis senatoriis quos additamenta factionis habent, quaecumque libuit probare,
reprehendere, decernere, ea, uti lubido tulit, fecere.
⁷Verum ubi numero senatorum aucto per tabellam
sententiae dicentur, ne illi superbiam suam dimittent,
ubi iis oboediendum erit quibus antea crudelissime
imperitabant.

XII. ¹Forsitan, imperator, perlectis litteris desideres quem numerum senatorum fieri placeat, quoque modo is in multa <et> uaria officia distribuatur ; iudicia quoniam omnibus primae classis com-

---

iuxta bonis... strenuis atque ignauis : *Iug.*, 67, 2 : iuxta
boni malique, strenui et imbelles. — 5 *obtentui* : *or. Lep.*,
24 : secundae res mire sunt uitiis obtentui. — 7 *imperitabant* :
Iug., 81, 1 : lubidinem imperitandî (*clausula heroica*).

4 optabilis *edd.* : obta- *V* ‖ accidat *ex* accidit *V²* ‖ 5 audeat
ex audiat *V* ‖ 6 distinuerunt *ex* desti- *V* distinuere *Rom.* ‖ habent :
an habebant ? ‖ libuit *an* lubuit *incertum V* ‖ probare *V⁴* :
—ri *Vl.*
XII. 1 et *add. edd.* : *om. V* ‖ distribuatur *V ex* distribuantur
Rom.

répartition des causes et sur le nombre des juges dans chaque espèce. **2** Il ne m'eût pas été difficile d'entrer dans le détail de ces principes généraux, mais j'ai cru devoir m'occuper avant tout de l'ensemble de mon projet, et t'en faire approuver la vérité. Si tu te décides à suivre cette voie, le reste ira tout seul. **3** Je souhaite sans doute que mon plan soit judicieux, et surtout qu'il soit utile [1] ; car plus il te vaudra de succès, plus ma renommée y gagnera. **4** Mais le plus grand désir qui me tourmente, c'est que, de toute manière, et le plus tôt possible, il apporte une aide à la république. **5** La liberté m'est plus chère que ma gloire. Et d'autre part, je te prie, je te conjure, toi le plus illustre des généraux, de ne pas souffrir, après avoir soumis la nation gauloise [1], que le grand et invincible empire du peuple romain dépérisse de vétusté ou se désagrège, par excès de négligence [*]. **6** Sois assuré que, si ce malheur arrivait, ni le jour ni la nuit ne pourrait apaiser ton souci, mais tourmenté par les insomnies, frappé de fureur, hors de sens, tu serais emporté par l'égarement de ton esprit. **7** Car j'ai la ferme conviction que la vie de tous les mortels est sous l'œil de la puissance divine [1], que personne ne peut faire d'action bonne ou mauvaise dont il ne lui soit tenu compte, mais que, par une conséquence naturelle, des récompenses différentes s'ensuivent pour les bons et les méchants. **8** Il peut arriver cependant que ces suites soient tardives, mais chacun peut trouver dans son âme et conscience ses raisons d'espérer.

XIII. **1** Si enfin ta patrie et tes aïeux pouvaient te

XII, 5. *per summam socordiam* : même avertissement que dans le § 3 du chapitre I de la première Lettre : *uirtute parta quam magna industria haberei decet, ne incuria deformentur aut conruant infirmata.*

mittenda putem, quae discriptio, quei numerus in
quoque genere futurus sit. [2]Ea mihi omnia generatim
discribere haud difficile factu fuit, sed prius laboran-
dum uisum est de summa consilii, idque tibi proban-
dum uerum esse. Si hoc itinere uti decreueris, cetera
in promptu erunt. [3]Volo ego consilium meum prudens
maxumeque usui esse. Nam ubicumque tibi res prospere cedet, ibi mihi bona fama eueniet. [4]Sed me illa
magis cupido exercet, ut quocumque modo quam
primum res publica adiutetur. [5]Libertatem gloria
cariorem habeo. Atque ego te oro hortorque ne claris-
simus imperator, Gallica gente subacta, populi Romani summum atque inuictum imperium tabescere
uetustate ac per summam socordiam dilabi patiaris.
[6]Profecto, si id accidat, neque tibi nox neque dies
curam animi sedauerit, quin insomniis exercitus,
furibundus atque amens alienata mente feraris. [7]Nam-
que mihi pro uero constat omnium mortalium uitam
diuino numine inuisier ; neque bonum neque malum
facinus quoiusquam pro nihilo haberi, sed ex natura
diuorsa praemia bonos malosque sequi. [8]Interea si
forte ea tardius procedunt, suus quoique animus ex
conscientia spem praebet.

    XIII. [1]Quodsi tecum patria atque parentes possent

XII. 2 *hand difficile factu* : cf. supra 1, 1. — 6 *neque nox...
sedauerit* : *Cat.*, 15, 4 : animus impurus... neque uigiliis neque
quietibus sedari poterat. — 7 *omnium mortalium... inuisier* :
locus communis ex Platonis *Crit.*, 50 D, depromptus, quem
secutus est, Cic., *Catil.*, 1, 27 sq.

   quei *edd.* : quaei *V*. ‖ 2 factu *edd.* : factū *V* ‖ 3 maxumeque *V* : *an* maxumoque ? Jord. ‖ 7 diuorsa : diuersa Ald.
diuisa *V* ‖ 8 si forte : si *initio uersus paene euanuit in V, om.
uett. edd. (iam Rom.).*

parler, voici sans doute ce qu'ils te diraient : « O César,
c'est nous, nous dont la bravoure fut sans seconde, qui
t'avons engendré dans la plus belle des villes, pour y être
notre gloire, notre appui, et la terreur de nos ennemis.
2 Ce que nous avions conquis au prix de mille travaux et
de mille périls, nous te l'avons donné avec la vie quand
tu es né : la patrie la plus puissante qui soit sur terre, et
dans cette patrie une maison et une famille illustres
entre toutes ; avec cela, de beaux talents, des richesses
honorables, enfin tout ce qui peut servir à embellir la
paix comme à récompenser la guerre. 3 Pour prix de ces
immenses bienfaits, ce n'est ni une bassesse, ni un crime
que nous te demandons, mais c'est de rétablir la liberté
détruite. 4 Cette tâche accomplie, ton nom, sois-en sûr, ton
nom et tes vertus voleront sur toutes les bouches [1]. 5 Car,
jusqu'à présent, malgré les belles actions qui t'ont illustré
en paix et en guerre, ta gloire néanmoins ne dépasse pas
celle de plus d'un grand homme. Mais si tu sauves de la
ruine où elle penche cette ville qui possède le plus grand
des noms et le plus puissant des empires, quel homme y
aura-t-il sur la terre de plus illustre, de plus grand que toi ?
6 Car si, victime de quelque maladie ou de la fatalité [1], il
arrivait maintenant malheur à cet empire, peut-on douter
qu'à travers le monde entier ne surgissent la désolation,
les guerres, les massacres ? Mais si tu as l'envie louable [2]
de montrer ta gratitude envers ta patrie et tes parents,
dans la suite, une fois la république rétablie *, tu jouiras
d'une gloire supérieure à celle d'aucun mortel et tu seras
le seul homme dont la mort sera plus admirée que la vie.

Ch. XIII, 6 : *restituas, restitueris, restituta*, le verbe est
repris trois fois à dessein, pour insister sur l'urgence de la
tâche, cf. aussi *libertatem euersam, prope iam ab occasu*. La
péroraison vise au pathétique.

loqui, scilicet haec tibi dicerent : O Caesar, nos te
genuimus fortissimi uiri, in optima urbe, decus praesidiumque nobis, hostibus terrorem. ²Quae multis
laboribus et periculis ceperamus, ea tibi nascenti cum
anima simul tradidimus : patriam maxumam in
terris, domum familiamque in patria clarissimam,
praeterea bonas artis, honestas diuitias, postremo
omnia honestamenta pacis et praemia belli. ³Pro *h*is
amplissimis beneficiis non flagitium a te neque malum
facinus petimus, sed utei libertatem euersam restituas. ⁴Qua re patrata, profecto per gentes omnes fama
uirtutis tuae uolitabit. ⁵Namque hac tempestate,
tametsi domi militiaeque praeclara facinora egisti,
tamen gloria tua cum multis uiris fortibus aequalis
est ; si uero urbem amplissimo nomine et maxumo
imperio prope iam ab occasu restitueris, quis te
clarior, quis maior in terris fuerit ? ⁶Quippe si morbo
iam aut fato huic imperio secus accidat, cui dubium
est quin per orbem terrarum uastitas, bella, caedes
oriantur ? Quodsi tibi bona lubido fuerit patriae
parentibusque gratificandi, posteroque tempore re
publica restituta super omnes mortales gloriam agitabis, tuaque unius mors uita clarior erit. ⁷Nam uiuos

XIII. 1 *decus praesidiumque* : *Iug.*, 19, 1 : pars originibus
suis praesidio, aliae decori fuere ; Hor., *Carm.*, I, 1, 2 ; II, 17,
4. — 2 *honestas... honestamenta* : *Or. Lep.*, 21 : honorum
omnium dehonestamentum ; *cf. Thes. L. L.* sub uerbis ‖ 7
uiuos... fatigat : locus communis ; cf. Thuc., II, 45, 1 ;
Demosth., *de corona*, 315.

XIII. 3 his *ego* : iis *V*, *edd.* ‖ 5 egisti : *an* fecisti *ut supra* II,
2, 4 ? ‖ 6 parentibusque *V* : parentibus *edd.*, iam *Rom.* ‖ posteroque *V* *edd.* : postero quoque Orel. ‖ gloria agitabi *V in*
quo una uel duae litterae euanuerunt ‖ gloria agitabis Jord.
gloria agnita *uel* gloria magna *uett.* ‖ uita *V* : « *fortasse*
uita multorum » Jord.

7 Car, de son vivant, chacun peut être victime parfois de la Fortune et souvent de l'envie ; une fois notre vie rendue à la Nature, les dénigreurs se taisent [1], et la vertu seule se rehausse davantage chaque jour.

8 Voilà, dans une lettre que j'ai écrite aussi brève que possible, ce qui m'a semblé être le plus utile à faire, et le plus avantageux pour ton usage. Pour le reste, quelque politique que tu suives, j'adjure les dieux immortels d'en assurer le succès, dans ton intérêt même comme dans l'intérêt de la république.

7, 1. Τίς γὰρ οὐκ οἶδεν τῶν πάντων, ὅτι τοῖς μὲν ζῶσι πᾶσιν ὑπεσ-ί τις ἢ πλείων ἢ ἐλάττων φθόνος, τοὺς τεθνεῶτας δ' οὐδὲ τῶν ἐχθρῶν οὐδεὶς ἔτι μισεῖ ; (DÉMOSTH., *de corona*, 315).

8, 1. *utilissima factu... usui fore* : répétition emphatique, mais le parallélisme *mihi-tibi* est ambigu, *mihi* devant se rapporter à *uisa sunt* et non à *utilissima*.

interdum fortuna, saepe inuidia fatigat : ubi anima
naturae cessit, demptis optrectatoribus, ipsa se uirtus
magis magisque extollit.

8 Quae mihi utilissima factu uisa sunt quaeque tibi
usui fore credidi, quam paucissimis potui perscripsi.
Ceterum deos immortales optestor ut, quocumque
modo ages, ea res tibi reique publicae prospere eue-
niat.

anima naturae cessit : *Iug*,. 14, 15 : pater... naturae con-
cessit. — *uirtus... se extollit* : *Ep.*, I, 75 ; II, 3, 3, etc. —
quam paucissimis : *Ep.*, *I*, 8, 7 *I*, 2, 1 ; *Cat.*, 4. 3 : quam
uerissume potero.

obtrectationibus *uett.* ‖ 8 utilissima *V Laet.* : utilia *uolgo* ‖
tibi *om. Rom.*
EXPLICIT *subscriptum in V.*

[SALLUSTE]
INVECTIVE
CONTRE M. TULLIUS CICÉRON

I. 1 C'est avec autant de douleur que d'indignation que je souffrirais tes injures, M. Tullius, si je ne savais que ton insolence est moins le fruit de ton jugement que du dérangement de ton esprit [1]. Mais comme je n'aperçois en toi ni modération ni mesure, je vais te répondre, afin que, si tu as pris quelque plaisir à dire du mal de moi, tu le perdes à t'en entendre dire.

Où me plaindre, qui implorer, Messieurs, à voir la république mise au pillage, et devenir la proie des plus audacieux ? Auprès du peuple Romain ? Il est si corrompu

---

1. *grauiter* : *Cat.*, 51, 11, *multi eas* (sc. *iniurias*) *grauius aequo habuere.* — *iniquo animo* : cf. *Thes. L. L.* sous *iniquus*, col., 1039, 70 sqq.
    maledicta : *Ep. ad Caes.*, I, 2...
    morbo animi : *Inu.*, II, 8, 22, *morbo procacitatis* ; *Ep. ad Caes.*, II, 3, 1 *animi prauitate.* — *fortunas uenales habeat* : *Cat.*, 10, 4 *omnia uenalia habere.*

1. Le début de cette Invective présente de nombreuses ressemblances avec les autres œuvres de Salluste, authentiques ou apocryphes, et l'indignation emploie pour s'exprimer toutes les ressources de la rhétorique : le redoublement de l'expression : *grauiter et iniquo animo* ; l'antithèse *iudicio magis quam morbo* ; l'allitération : *neque modum neque modestiam* ; le parallélisme de construction : *si quam male dicendo uoluptatem cepisti, eam male audiendo amittas.* Ce préambule est suivi d'une apostrophe classique dont le mouvement et les termes, empruntés à un discours de C. Gracchus, ont été souvent imités, cf. les *Testimonia.* Tous ces procédés sentent l'école.

[C. SALLVSTI CRISPI]
IN M. TVLLIVM CICERONEM
INVECTIVA

I. 1 Grauiter et iniquo animo maledicta tua paterer, M. Tulli, si te scirem iudicio magis quam
morbo animi petulantia ista uti. Sed cum in te
neque modum neque modestiam ullam animaduerto,
respondebo tibi, ut, si quam male dicendo uoluptatem
cepisti, eam male audiendo amittas.

Vbi querar, quos implorem, patres conscripti,
diripi rem publicam atque audacissimo cuique esse
praedae ? Apud populum Romanum ? Qui ita largi-

TESTIMONIA ET LOCI SIMILES SELECTI

I. 1 QUINT., *I. O.,* IV, 1, 68 : Quid ? non Sallustius derecto ad
Ciceronem, in quem ipsum dicebat, usus est principio, et quidem protinus : « Grauiter... paterer, M. Tulli ? » sicut Cicero
fecerat in Catilinam : « Quousque tandem abutere ? » —
neque modum neque modestiam : *Cat.*, 11, 4. — *Vbi querar* :
CIC., *Flac.*, 4 : quem appellem ? quem obtester ? quem implorem ? senatumne ?... an equites Romanos... an populum Romanum ? *Ex oratione C. Gracchi saepius imitata,* cf. CIC., *De
orat.*, III, 56, 214 ; SALL., *Iug.*, 14, 17 ; Ps. SALL., *Inu.*, II,
1 : quo me praeuertam ? Cf. ENNIUS *Andromacha,* IX,
75 (KLOTZ, *Frg. poet. trag.*). — *esse praedae* : *Iug.*, 31, 10, 18.

APPARATVS TITVLVS : INCIPIT G. SALVSTY ĪVEC-
TIVA Ī TVLLIV̄ C. M. V. C. *H* Controversiae Salustii in
Tullium *E* ; *uariant ceteri* ‖ SALLUSTII IN TULLIUM|ET
INVICEM|INVEC- TIVAE|INCERTI RHETORIS CONTRO-
VERSIAE JORD.
I. 1 scirem... animi *H corr.* : sciret... animus *H¹* ‖ cum
codd. : quoniam HALM, JORD. ‖ cepisti : coe — *BT* accepisti
Hᶜ ‖ audiendo ω : dicendo *O* ‖ praedae *coni.* EUSSNER, WIRZ :
perfidiae *O*, JORD, perfidiae locum ω perfidiae locum ? an
ALD.

par les distributions d'argent qu'il s'offre à vendre, lui-
même et sa fortune *. Auprès de vous, Messieurs, dont
l'autorité est bafouée par les plus infâmes et les plus scélé-
rats ; où nous voyons partout un M. Tullius défendre
les lois, les tribunaux, la république, et avoir la haute
main dans cet ordre, comme s'il était le seul restant de la
famille de cet illustre héros, Scipion l'Africain, et non une
sorte d'enfant trouvé, un citoyen importé et greffé depuis
peu dans cette ville ?

2 En vérité, M. Tullius, tes faits et gestes sont-ils
demeurés dans l'ombre ? N'as-tu pas depuis l'enfance
vécu dans la pensée qu'il n'y avait pour ton corps rien de
déshonorant à se soumettre à tous les caprices d'autrui ?
Cette éloquence sans mesure n'est-ce pas au prix de ta
pudeur que tu l'as apprise chez M. Pison[1] ? Aussi rien
d'étonnant que tu en trafiques scandaleusement quand
tu l'as acquise si honteusement.

I, 2. *M. Pisonem* : Cic., *Brut.*, 310, *Commentabar decla-
mitans sic enim nunc loquontur — saepe cum M. Pisone et cum
Q. Pompeio aut cum aliquo cottidie, idque faciebam multum
etiam Latine, sed Graece saepius.* — Il s'agit de M. Pupius Piso
Calpurnianus (*De or.*, I, 22, 104), le premier péripatéticien qui
ait établi sa résidence à Rome. De quelques années plus âgé
que Cicéron, il fut préteur en 69 et consul en 61. L'appui qu'il
prêta à Clodius pendant son consulat le brouilla avec l'orateur.
Néanmoins celui-ci le mentionne avec éloge dans le *De or.*, et
c'est lui qu'il chargea d'exposer, dans le *De fin.* (l. V.), la doc-
trine des péripatéticiens.

Le verbe *perdidicisti* est sans doute emprunté ironiquement
à Cicéron lui-même qui l'emploie a plusieurs reprises pour
dépeindre l'immense effort qu'exige l'apprentissage de l'art
oratoire, cf. *De orat.*, I, 16 sqq. — La phrase se termine ici
encore par un groupe de termes qui se correspondent : *eam
flagitiose uenditas quam turpissime parasti*, avec les termes
injurieux du vocabulaire commercial, *uenditare, parare*.

tionibus corruptus est, ut se ipse ac fortunas suas
uenales habeat. An apud uos, patres conscripti ? Quorum auctoritas turpissimo cuique et sceleratissimo
ludibrio est : ubiubi M. Tullius leges, iudicia, rem
publicam defendit atque in hoc ordine ita moderatur
quasi unus reliquus e familia uiri clarissimi, Scipionis
Africani, ac non reperticius, accitus, ac paulo ante
insitus huic urbi ciuis.

2 An uero, M. Tulli, facta tua ac dicta obscura sunt ?
An non ita a pueritia uixisti, ut nihil flagitiosum corpori tuo putares quod alicui collibuisset ? Aut scilicet
istam immoderatam eloquentiam apud M. Pisonem
non pudicitiae iactura perdidicisti ? Itaque minime
mirandum est quod eam flagitiose uenditas, quam
turpissime parasti.

M. Tullius leges... defendit : Cic., *Phil.*, 8, 8 : nos leges,
iudicia... patriam defendimus ; cf. etiam Cic., *Sest.*, 98 ; Cass.
Dion., XLVI, 20, 2 (*de Cicerone*) : καίτοι πολλὰ μὲν περὶ τῶν
νόμων, πολλὰ δὲ καὶ περὶ τῶν δικασ-ηρίων ἀεὶ καὶ πανταχοῦ
θρυλῶν ; Sen., *Suas.*, VI, 26, 14 (*ex carmine Cornelii Seueri*) :
ille (*sc. Cicero*) senatus uindex, ille fori legum ritusque togaeque.
— *Scipionis Africani* : Cic., *Verr.*, IV, 79, 81 : frequens uirtutis exemplum. — *insitus... ciuis* : *Cat.*, 31, 7 : M. Tullius,
inquilinus ciuis urbis Romae.
I. **2** *alicui collibuisset* : *Inu.* II, 3, 13 : quae alteri facere
collibuisset ; *ibid.*, 7, 17 : quod ipsi facere collibuisset ; *Cat.*,
51, 9 : quae uictoribus collibuissent.

se ipse *O* : se ipsum *EV* sese ω ‖ et sceleratissimo *H*, *H¹*, *H²*,
ω : *om. BT* ‖ ubi ubi *O praeter H*ᵇ *qui* ubi ‖ iudicia rem publicam Kurf. : iudicia r. (rei *P*) p. *HEMP* iudiciaque p. r. *H*ᵇ
iuditiaque rei p. *V* R. P. audacia *A* audacia r. p. *H*ᵃ *BT* audacia Jord. ‖ reperticius : reptitius Ald. ‖ accitus *O* : *secl.*
Wassius, Jord.
2 tua ac dicta α *M* : ac (an *E*) dicta tua *cett.* ‖ alicui *O* :
alicui alteri *ed.* *Ven.* alteri Orel., *coll. Inuect. in Sall.* V, 13 ‖
aut *O* : *del.* Cortius, at WI ‖ scilicet *om. H*ᵇ ‖ immoderatam :
moderatam *HP* ‖ perdidicisti : didicisti *V* prodidisti *H*ᵇ per-
didisti *P* ‖ minime non *H*ᵇ ‖ quod : si *H*ᵇ.

II. 2 Mais, j'imagine, c'est la splendeur de ta maison qui te fait lever la tête : une épouse sacrilège et tout imprégnée de parjures [1], une fille rivale de sa mère [2], et qui t'est plus chère et plus soumise qu'il sied de l'être à un père. Ta maison même [3], c'est par la violence et la rapine que tu l'as acquise pour être funeste à toi et aux tiens : sans doute voulais-tu nous rappeler quel renversement s'est produit quand nous te voyions, toi le plus méprisable des hommes, habiter dans la maison qui fut celle du plus illustre, P. Crassus. **3** Mais, quoi qu'il en soit, Cicéron se dit pourtant avoir siégé dans l'assemblée des dieux immortels [1], et de là avoir été envoyé comme gardien de cette ville et de ses citoyens, sans mériter le titre de bourreau, lui qui met à son compte de gloire le mal qu'il a fait à la cité. Comme si vraiment la cause de la fameuse conjuration n'a pas été ton consulat, et si la république

1. *uxor sacrilega ac periuriis delibuta* : on ne sait pas exactement ce qu'il faut entendre par ces injures, mais il semble que Térentia n'ait pas été très honnête en affaires ; de plus elle « était dévote, et dévote à l'excès » (BOISSIER, *Cicéron et ses amis*, p. 97), et souvent elle avait détourné à son profit pas mal d'argent (Id. *Ibid.*, p. 102) et discuta âprement ses intérêts au moment du divorce.

2. *filia matris paelex* : la grande affection de Cicéron pour Tullia a pu favoriser l'accusation d'inceste ; au reste, elle faisait partie des *maledicta* ordinaires, comme l'accusation de pédérastie, que rien non plus ne semble justifier dans la vie de Cicéron. Cf. CIC., *pro Cael.*, 3, 6. Sur Tullia, v. BOISSIER, *Ibid.*, p. 104 et s.

2, 3. *domum ipsam* : il s'agit de la maison de Publius Licinius Crassus Dives (consul en 97, triomphateur en 93, proscrit en 87) qui la légua à son fils -M. Licinius Crassus Dives Lusitanus, auquel Cicéron l'acheta. — La construction de *funestam* est équivoque, et peut se rapporter à *ui et rapinis* comme à *tibi ac tuis*.

3, 1. *in concilio deorum* : cf. infra, 4, 7.

II. Verum, ut opinor, splendor domesticus tibi animos tollit, uxor sacrilega ac periuriis delibuta, filia matris paelex, tibi iucundior atque obsequentior quam parenti par est. Domum ipsam tuam ui et rapinis funestam tibi ac tuis comparasti ; uidelicet ut nos commonefacias quam conuersa res sit, cum in ea domo habitares, homo flagitiosissime, quae P. Crassi, uiri clarissimi, fuit. 3 Atque haec cum ita sint, tamen se Cicero dicit in concilio deorum immortalium fuisse, inde missum huic urbi ciuibusque custodem absque carnificis nomine, qui ciuitatis incommodum in gloriam suam ponit. Quasi uero non illius coniurationis causa fuerit consulatus tuus, et idcirco res publica disiecta eo tempore quo te custodem habebat. Sed, ut opinor, illa te magis extollunt, quae post consulatum

II. 2 *animos tollit* : cf. 2, 3 ; *in Sall.* 8, 20 || *filia matris paelex* : SERVIUS, *in Aen.*, VI, 623 (*de Thyeste natae amante*) « ... nam quod Donatus dicit, nefas est credi dictum esse de Tullio, quod conuicium a Sallustio Ciceronis inimico natum est, qui de illo inquit : « filia matris paelex ». *Cf.* CIC., *Cluent.*, 199 : atque etiam nomina necessitudinum, non solum naturae nomen et iura mutauit : uxor generi, nouerca fili, filiae paelex. — *iucundior* : CIC., *Verr.*, II, 1, 112 : mihi... mea filia maxime cordi est... ; quid enim natura nobis iucundius, quid carius esse uoluit ?
3 *Atque haec cum ita sint* : CASS. DIO, XLVI, 12, 1 : εἶτα τοὖ ων οὖ ὡς ἐχόν ων τολμᾷ: λέγειν. — *custodem* : CIC., *Dom.*, 141 : di immortales suorum templorum custodem ac praesidem sceleratissime pulsum cum uiderent. — *carnificis* : CIC., *Rab. perd.*, 10 : me in consulatu meo carnificem de foro... sustulisse. — *illa te magis extollunt* : *Inu. in Sall.*, 8, 20.

II. 2 tollit : attollit *V corr.*, ω, ALD. || delibuta *T, cod. Vat.* 1745, ALD. : debilitata *O* || ipsam : istam *HP* || ui *om. H*b || conuersa : seruata *V* || res sit *AH*1*T* : res sit p. *B* sit res p. *HPV* sit r. p. *H*b*EM* || 3 habitares *O,* KURF. : habites HALM, JORD. || haec cum β cum haec α*H*b || quo *O* : quod te BAITER, JORD.

n'a pas été déchirée justement au moment où elle t'avait
pour gardien. Mais, j'imagine, ce qui exalte davantage
ton orgueil, ce sont les mesures concernant la république
que tu as prises après ton consulat avec ta femme Térentia, quand tous les deux, dans le privé*, vous jugiez
d'après la loi Plautia ², condamnant parmi les conjurés
les uns à ... les autres à l'amende, cependant que l'un
te faisait construire une villa à Tusculum, l'autre, une
à Pompéi, un troisième t'achetait une maison ³. Quant
à celui qui ne pouvait rien donner, on lui cherchait chicane : ou bien il était venu faire l'assaut de ta maison ⁴,
ou bien il t'avait tendu un guet-apens au sénat, bref, tu
en savais gros sur lui. 4 Si mes reproches sont faux,
rends compte de ce que tu as reçu en patrimoine ¹, de
ce que tu as gagné par tes procès, de l'argent qui t'a permis d'acheter ta maison, des dépenses énormes que tu as
engagées pour faire bâtir tes villas de Tusculum et de
Pompéi. Si tu gardes le silence, personne peut-il douter
que cette opulence, tu ne l'aies acquise dans le sang
et les souffrances des citoyens ?

III. Mais, j'imagine, cet homme nouveau d'Arpinum,
ce membre de la famille de M. Crassus ¹, imite les vertus
de celui-ci, méprise l'inimitié des nobles, n'a d'amour que
pour la république, ne se laisse détourner de la vérité ni

---

§ 3 fin : : *domo* : « dans le privé ». Le locatif *domi* employé
adverbialement a perdu toute valeur concrète, comme *foris* ;
d'où l'emploi de l'ablatif pour insister sur l'idée de « maison
particulière », « habitation, demeure » par opposition a *in
publico, publice,* comme le montre bien l'exemple d'Apulée,
Apol. 89 : *tabulae eius partim tabulario publico partim domo
asseruantur* ; au pluriel, Tite Live, 26, 12,· 9 oppose *domibus
inclusi* à *in foro,* cf. Tacite, *Ann.*, 6, 3 ; v. Thes. L. L. sous
domus, col. 1962, 16 sqq. On pourrait aussi comprendre *domo*
par « de leur propre initiative », « de soi-même », comme dans
le groupe *domo doctus* (Plaute, *Merc.*, 355), cf. Thes., *ibid.*,
1961, 35 sqq.

cum Terentia uxore de re publica consuluisti, cum
legis Plautiae iudicia domo faciebatis, ex coniuratis
alios... pecunia condemnabas, cum tibi alius Tusculanam, alius Pompeianam uillam exaedificabat, alius
domum emebat : qui uero nihil poterat, is erat calum-
niae proximus, is aut domum tuam oppugnatum
uenerat aut insidias senatui fecerat, denique de eo tibi
compertum erat. 4 Quae si tibi falsa obicio, redde rationem quantum patrimonii acceperis, quid tibi litibus
accreuerit, qua ex pecunia domum paraueris, Tusculanum et Pompeianum infinito sumptu aedificaueris.
Aut si retices, cui dubium potest esse quin opulentiam istam ex sanguine et miseriis ciuium parassis ?

III. Verum, ut opinor, homo nouus Arpinas, ex
M. Crassi familia, illius uirtutem imitatur, contemnit
simultatem hominum nobilium, rem publicam caram

tibi compertum erat : *Cat.*, 30, 4 : (Cicero) satis compertum
habebat ; CIC., *Sull.*, 86 ; *Cat.*, 1, 10. — *quod si tibi falsa* :
Inu. in Sall., 7, 19. — *ex sanguine* et quae seq. : CASS. DIO.,
XLVI, 4, 1 : ἐκ μὲν τῶν κακῶν τῶν ἀλλοτρίων καὶ πλου-εῖ
καὶ αὔξει ; CIC., *Leg. agr.*, 2, 102 *et saepius* (*locus communis*,
κοινὸς τόπος).

III. 4 *homo nouus Arpinas* : JUVEN., 8, 237 : Hic nouus
Arpinas, ignobilis et modo Romae | municipalis eques — *rem-
publicam caram* : CIC., *Phil.*, 13, 7 : quod hoc animo in rem
publicam est, quae mihi uita mea semper fuit carior.

domo : domi *H*b dono *B* ‖ alios... pecunia *lacun. coni.*
JORD. : aliquos KURF. *sine lac.* alios <exilio> alios pecunia
HALM. alios <morte> alios pecunia *uett.* ‖ tusculanam *EM*
OREL. : -num *cett.*, JORD. ‖ exaedificabat : edi- *AM* hedi- *V* ‖
erat *post* proximus *A* ‖ 4 si tibi : sit *A* tibi si *B* ‖ pompeianum
agrum *H*b ‖ aedificaueris : exae- *AH*a ‖ cui : qui *HM* cui *s. s.*
*M*² ‖ dubium potest esse α : potest dubium esse β ‖ quin *O*
praeter H qui quin *om.* ‖ et : ac *H* ‖ sanguine et miseriis : sanguine miserorum *V* ‖ parassis *ego* : parasses *V* paraueris ALD.
pararis JORD. parasti *codd.*, *tuetur* KURF., *omisso* quin ; *fortasse* <te>... parasse ?

III. M. Crassi : C. Marii *Glareanus* ‖ illius α : eius β ‖ simul-
tates *E* ‖ <unam> rem p. JACHMANN.

par la terreur ni par la faveur ; il est tout amitié et toute vertu. 5 Bien au contraire, cet homme inconstant entre tous [1], suppliant devant ses ennemis, injurieux pour ses amis, tantôt d'un parti, tantôt d'un autre [2], sans être fidèle à personne, sénateur inconstant entre tous, avocat mercenaire, dont aucune partie du corps n'est exempte de souillure [3] : langue mensongère, mains rapaces sans égales, goinfrerie sans bornes, pieds prompts à fuir ; les parties qu'on ne peut honnêtement nommer, déshonorées de toutes façons. Et cet homme ainsi fait ose cependant dire :

O Rome fortunée, sous mon consulat née !

Fortunée sous ton consulat, Cicéron ? Dis plutôt infortunée et misérable, elle qui a subi la plus cruelle proscription aux temps où toi, bouleversant la république, tu forçais tous les bons citoyens terrorisés à se courber devant

III, 5, 1. *homo leuissimus* : cf. infra *leuissimus senator* ; 4, 7, *leuissime transfuga* ; *Inu.* II, 3, 7 — *mercennarius patronus* : cf. *Inv.*, II, 3, 10.

2. *modo harum modo illarum partium* : cf. infra, 4, 7, *quae tibi partes r. p. placent* ; *neque in hac neque in illa parte fidem habens.* Tout ce paragraphe reprend les injures déjà rencontrées ou qui seront reprises en d'autres passages. « homme nouveau venu de sa province », expression qu'on retrouve dans JUVÉNAL *Sat.*, 8, 237, où c'est peut-être une allusion à l'invective ; « homme inconstant entre tous » *homo leuissimus*, cf. infra, *leuissimus senator* ; 4, 7, *leuissime transfuga* ; *inv.*, II, 3, 7 ; l'adjectif *leuis* étant l'antithèse de *grauis*, e. g. PLAUTE, *Tri.*, 684, *numquam erit alienis grauis, qui suis se concinnat leuem* ; ISID., *Orig.*, 10, 112, cf. THES. sous *grauis*, col. 2278, 67 sqq. — « tantôt d'un parti, tantôt d'un autre » ; cf. *infra*, 4, 7, fin : *quae tibi partes r. p. placent* ; *neque in hac neque in illa partem habens* ; « avocat mercenaire », repris *Inv. in Sall.*, 3, 10, les deux mots *mercennarius* et *patronus* ont un sens péjoratif ; « dont aucune partie du corps n'est exempte de souillure, etc. » ; cf. l'*Epistula ad Caesarem*, II, 2, 2 où les mêmes injures sont adressées à Domitius, et l'*Invective contre Salluste*, 8, 22, etc. C'est l'arsenal traditionnel des polémiques entre rivaux politiques ou écrivains. Quant au vers que Cicéron composa pour glorifier son consulat, sa platitude et sa cacophonie lui avaient valu de bonne heure les railleries des connaisseurs, cf. QUINTILIEN, *I. O.*, XI, 1, 24.

habet, neque terrore neque gratia remouetur a uero, amicitia tantum ac uirtus est animi. 5 Immo uero homo leuissimus, supplex inimicis, amicis contumeliosus, modo harum, modo illarum partium, fidus nemini, leuissimus senator, mercennarius patronus, cuius nulla pars corporis a turpitudine uacat : lingua uana, manus rapacissimae, gula immensa, pedes fugaces ; quae honeste nominari non possunt, inhonestissima. Atque is cum eius modi sit, tamen audet dicere :

« O fortunatam natam me consule Romam ! »

Te consule fortunatam, Cicero ? Immo uero infelicem et miseram, quae crudelissimam proscriptionem eam perpessa est, cum tu perturbata re publica metu perculsos omnes bonos parere crudelitati tuae cogebas,

---

neque terrore e. q. s. : Cass. Dio, XLVI, 16, 4 (*de Cicerone*) : ἐμὲ οὔτε χάρις φί)ων οὔ-ε φόβος ἐχθρῶν ἀπείργει τοῦ·μὴ οὐ τὰ συμφέροντα ὑμῖν προσκόπ-ειν ; Plut., *Crass.*, 7 (*de Crasso*) ἴσχυε δὲ καὶ χάριτι καὶ φόβῳ. φόβῳ δ᾽ οὐκ ἔλαττον ‖ 5 *cuius nulla pars corporis* e. q. s. : Ps. Sall., *Epist. ad Caes.*, II, 2, 9 (*de Domitio*). — *quae honeste* e. q. s. : *Inu. in Sall.*, 8, 22 ; Cic., *Phil.*, 2, 47. — *Atque is... audet* : Cass. Dio, XLVI, 5, 1 : εἶτα τοιοῦτος αὐ-ὸς ὢν ... ἐ·ό)μησας. — *O fortunatam* e. q. s. : Quint., XI, 1, 24 : in carminibus utinam pepercisset (*scil.* Cicero) quae non desierunt carpere maligni : « Cedant arma togae, concedat laurea linguae » et « O fortunatam natam me consule Romam» et Iouem illum., a quo in concilium deorum aduocatur, et Mineruam, quae artes eum edocuit. — quae sibi ille secutus quaedam Graecorum exempla permiserat.

remouetur O : mouetur *ed. Veneta*, Jord. (*qui uerba* aliud uero — animi *secl.* ‖ a uero Reitzenstein, Kurf. : aliud uero *O praeter V qui* et id uero *praebet* cui uero ω ; *alii alia* ; *nihil autem certi* ‖ amicitia *AH* T² : amicitiae *cett.* ‖ uirtus : uirtutis H¹ Y ‖ 5 homo leuissimus *O* : homo uenalis Wi. h. uillissimus Petzold, *quibus iteratio adiectiui displicet*; *sed cf.*, IV, 7, *et Inuect.* II, 3, 7 ‖ eius : huius V ‖ o *om.* HM ‖ natam *om.* H ‖ eam H *in ras.* : ea V ciuium Hᵇ ‖ omnium Wi ‖ tu *om.* Hᵇ ‖ perculsos : percussos HᵇV.

ta cruauté, où tous les tribunaux, toutes les lois étaient soumis à ton bon plaisir, où toi, supprimant la loi Porcia, étouffant la liberté, tu avais remis entre tes seules mains le droit de vie et de mort sur nous tous*. 6 Et c'est trop peu d'avoir agi impunément ; bien mieux, tu mêles les reproches au rappel de ces faits, et il n'est pas permis à tes victimes d'oublier leur servitude. Sois fier de tes actes, je le veux bien, Cicéron, admettons que tu aies quelque peu réussi ; c'est assez que nous ayons dû te subir ; faudra-t-il encore que tu charges nos oreilles de ta haine, faudra-t-il que tu nous poursuives de tes propos révoltants :

> Armes, cédez à la toge ; laurier, à la langue *

comme si, vraiment, c'est en toge et non en armes que tu as accompli ce dont tu te fais gloire, et qu'il y ait eu quelque différence, sauf le nom du pouvoir, entre toi et Sylla le dictateur ?

IV. 7 Mais faut-il en dire plus long sur ton insolence, toi à qui Minerve a enseigné tous les arts, toi à qui Jupiter, Très bon, Très grand, a fait place dans l'assemblée des dieux, toi que l'Italie a ramené d'exil en te portant sur ses

---

5. *sublata lege Porcia* : loi proposée par le tribun de la plèbe P. Porcius Laeca en 198 av. J. C. qui interdisait de condamner à mort les citoyens romains, *iniussu populi* ; loi qui fut reprise par Clodius pour obtenir la condamnation et l'exil de Cicéron.

On sait que dans le discours que Salluste prête à César, *Catil.*, ch. 51, celui-ci s'opposa à la peine de mort proposée par Silanus, qu'il jugeait « *aliena a nostra republica* », et demanda pour les conjurés la confiscation de leurs biens et l'internement dans des municipes fortement gardés. Ce fut la violente intervention de Caton qui détermina le Sénat à voter la peine de mort « *de confessis sicuti de manifestis rerum capitalium more maiorum supplicium sumundum.* » Mais, juridiquement, la peine capitale avait été votée *iniussu populi*.

6. Ce vers tiré du poème que Cicéron écrivit sur son consulat, figure dans le *De off.*, I, 77 avec la variante :

> *Cedant arma togae, concedat laurea laudi.*

cum omnia iudicia, omnes leges in tua libidine erant, cum tu, sublata lege Porcia, erepta libertate omnium nostrum, uitae necisque potestatem ad te unum reuocaueras. 6 Atque parum quod impune fecisti, uerum etiam commemorando exprobras, neque licet obliuisci his seruitutis suae. Egeris, oro te, Cicero, profeceris quidlibet. Satis est perpessos esse : etiamne aures nostras odio tuo onerabis, etiamne molestissimis uerbis insectabere ?

« Cedant arma togae, concedat laurea linguae. »

Quasi uero togatus et non armatus ea quae gloriaris confeceris, atque inter te Sullamque dictatorem praeter nomen imperii quicquam interfuerit.

IV. 7 Sed quid ego plura de tua insolentia commemorem ? Quem Minerua omnis artis edocuit, Iuppiter Optimus Maximus in concilio deorum admisit, Italia

---

Inu. in Sall., 2, 7 ; IvvEN., 10, 122, *alii.* — *uitae necisque potestatem* : *Iug.*, 14, 23 : cuius uitae necisque potestas ex opibus alienis pendet. — *parum est quod impune fecisti* : *Iug.*, 31, 22 : parum est impune male fecisse. — 6 *neque licet obliuisci his seruitutis* : *Iug.*, 31, 20 : seruitutem quidem quis recusare audebat ? — *Egeris... profeceris* : *Inu. in Sall.*, 6, 15. — *Cedant arma* : Cf. supra § 5 ; Cic., *De off.*, I, 77 : illud autem optimum est, in quod inuadi solere ab improbis et inuidis audio : « cedant... laurea laudi ». — *togatus et non armatus* : Cf. Cic., *Cat.*, III, 23 togati me uno togato duce et imperatore uicistis.
IV, 7 Cf. supra, III, 5.

tu *om. A* || *uerba* omnium — potestatem *om. H, s. s. H^2* || reuocaras *B* || 6 parum *O* : parum est ω || his *M* (*ex* hiis) *H* (*in spatio uacuo inser.*) iis *cett.*, *om. E.*, *del.* SCHMIDT piis *H^b* ; *uide commentar.* || profeceris : perfe- *H^b V* JORD. || est nos perpessos *H^b* || etiamne *E*, ALD. : etiam in α *H* etiam *H^bMV* || molestis *H^b* || confeceris *s. s. H^a* perfeceris *H^b* feceris *B* || quicquid *H^a* || interfuerit *V* : interfuit *cett.*
IV. 7 omnis artis *H* : omnes artes *EMV* artis *om. H^b* || concilio *AHH^a* : concilium *E* consilio *H^a*

épaules [1] ? Dis-moi, s'il te plait, Romulus d'Arpinum [2], toi qui par ta valeur sans rivale as surpassé les Paulus, les Fabius, les Scipions, quelle place enfin tiens-tu dans cette cité ? A quel parti te ranges-tu dans la république ? Qui as-tu pour ami, qui as-tu pour ennemi ? Celui que tu attaquais insidieusement dans la cité, te voilà maintenant à son service [3]. Celui dont l'initiative t'a fait revenir de ton exil à Dyrrachium, c'est lui que tu poursuis [4]. Ceux que tu qualifiais de tyrans [5], tu prends aujourd'hui la défense de leur pouvoir. Ceux qui jadis te semblaient être le parti des meilleurs, tu les traites maintenant d'insensés et de furieux. Tu défends la cause de Vatinius, tu as mauvaise opinion de Sestius, tu outrages Bibulus dans les termes les plus insultants, tu couvres César de louanges [6]. L'homme que tu as le plus haï, c'est à lui que tu obéis le plus. Debout, tu es d'un avis sur les affaires de l'État ; assis, tu es d'un autre [7]. Tu injuries ceux-ci, tu hais ceux-là, transfuge inconstant entre tous [8], qui n'as confiance ni dans ce parti-ci, ni dans celui-là.

L'invective se termine par un rappel ironique des grands noms de la république : Paul Émile, Fabius « le Temporisateur », Scipion l'Africain dont la gloire pâlit en face des exploits de Cicéron, et par l'énumération des palinodies qui marquent sa carrière oratoire ou politique. Cette fin brusque, à laquelle manque une péroraison, donne à penser que l'invective est demeurée inachevée, contrairement à l'invective de Cicéron contre Salluste, mieux composée, et qui lui est postérieure. Cf. *Introduction*, p. 20.

exulem umeris suis reportauit. Oro te, Romule Arpinas, qui egregia tua uirtute omnis Paulos, Fabios,
Scipiones superasti, quem tandem locum in hac ciuitate obtines ? Quae tibi partes rei publicae placent ?
Quem amicum, quem inimicum habes ? Cui in ciuitate
insidias fecisti, <ei> ancillaris. Quo auctore de exsilio tuo Dyrrhachio redisti, eum insequeris. Quos
tyrannos appellabas, eorum potentiae faues ; qui tibi
ante optimates uidebantur, eosdem dementes ac furio-
sos uocas. Vatini causam agis, de Sestio male existimas. Bibulum petulantissimis uerbis laedis, laudas
Caesarem. Quem maxime odisti, ei maxime obseque-
ris. Aliud stans, aliud sedens sentis de re publica.
His male dicis, illos odisti, leuissime transfuga, neque
in hac neque in illa parte fidem habens.

Romule Arpinas : laudat QUINT., IX, 3, 89 ; cf. SALL., *Hist.*,
I, 55, 3 : scaeuos iste Romulus. — *quo auctore* : CIC., *Pis.*, 35 :
de me senatus ita decreuit Cn. Pompeio auctore et eius sententiae principe, ut, si quis impedisset reditum meum, in hostium
numero putaretur. — *tyrannos* : CIC., *Vat.*, 23 : tu, qui nos,
qui de communi salute consentimus, tyrannos uocas. — *optumates* : CIC., *Sest.*, 97 : omnes optumates sunt, qui neque nocen-
tes... nec furiosi... — *laedis... laudas* : CIC., *Verr.*, II, 2, 114 :
legati laedant, legatio laudet ; *item Flacc.*, 6, *Phil.*, 3, 18. —
leuissime transfuga : CASS. DIO., XLVI, 3, 4 : πλείονας μὲν
τροπὰς τρεπόμεν ς τοῦ πορθμοῦ, πρὸς ὃν ἔφυγεν, ἐφ' ᾧπερ καὶ
αὐτόμολος ἐπονομάσθη.

quem amicum β *praeter V* : et quem α *V* quem *om. H* ||
ancillaris *E cod.* *Vat.* 2936 : ancillares *cett.* : || quo auctore W.:
quo iure cum *O* ω || insequeris *H*b: sequeris *cett.* quo iure, cum
— redisti, eum sequeris ? JORD. || ante *om. HM* || dementes
ex cle- *H* || Sestio : Sextio ALD. || habens : habes ALD.

[CICÉRON]
INVECTIVE CONTRE SALLUSTE

I. 1 C'est en vérité un très grand plaisir, Salluste, pour toi de mener une vie en tous points semblable à tes paroles, et de ne dire rien de si obscène à quoi dès ta plus tendre enfance ta vie ne réponde par toute espèce de forfaits, de façon à mettre tout discours de toi en accord avec tes mœurs *. Quiconque en effet mène la même vie que toi, ne peut s'exprimer autrement que toi, ni quiconque use d'un langage aussi sale ne peut avoir une vie plus propre. Vers qui d'abord me tourner, Messieurs, par où dois-je commencer ? Ma tâche d'orateur est d'autant plus lourde que nous sommes, l'un et l'autre, plus connus ; car, ou bien, si je réponds à cet insulteur pour défendre ma vie et mes actes [1], la jalousie ne manquera pas de s'en prendre à ma gloire, ou bien, si je dévoile ses faits, ses mœurs, toute son existence, je risque de tomber dans ce même défaut d'insolence que je lui reproche. S'il se trouve que vous en soyez

---

La phrase par laquelle débute cette invective est obscure ; je l'ai traduite littéralement sans toucher au texte latin, mais on est tenté de comprendre en suppléant, *C. Sallusti,* <*te*> *aequalem* e. q. s. « C'est un très grand plaisir... de te voir mener... et ne rien dire... de telle manière que tout discours de toi soit en accord avec les mœurs. » Du reste, le style de cette Invective est souvent lourd et laborieux ; on y sent l'exercice d'école beaucoup mieux que dans l'Invective contre Cicéron ; cf. *Introduction*, p. 22.

1. *actibus = actionibus,* cf. infra 4, 12 ; *Thes. L. L.,* I, 453, 3 sqq. Cet emploi de *actus* est inconnu de Salluste « inde ab Ov. et MANIL. pro uoce *actio* usurpatur ; recentioribus est usitata » (*Thes.,* 449, 47 sqq.)

[M. TVLLI CICERONIS]
IN C. SALLVSTIVM CRISPVM
INVECTIVA

I. 1 Ea demum magna uoluptas est, C. Sallusti,
aequalem ac parem uerbis uitam agere, neque quicquam tam obscaenum dicere cui non ab initio pueri-
tiae omni genere facinoris aetas tua respondeat, ut
omnis oratio moribus consonet. Neque enim qui ita
uiuit ut tu, aliter ac tu loqui potest, neque qui tam
inloto sermone utitur, uita honestior est. Quo me
praeuertam, patres conscripti, unde initium sumam ?
Maius enim mihi dicendi onus imponitur quo notior
est uterque nostrum, quod aut si de mea uita atque
actibus huic conuiciatori respondero, inuidia gloriam
consequetur ; aut si huius facta, mores, omnem aetatem nudauero, in idem uitium incidam procacitatis
quod huic obicio. Id uos si forte offendimini, iustius

TESTIMONIA ET LOCI SIMILES SELECTI.

I. 1 *aequalem ac parem* : cf. infra, 2, 6 par ac similis. —
quo me praeuertam e. q. s. : *Inu.*, I, 1. A. *dicendi onus* : CIC.,
Vat., 33 : onus mihi imponam testimonii. — *inuidia gloriam
consequetur* : *Iug.*, 55, 3 : post gloriam inuidiam sequi. —
uitium procacitatis : cf. infra : procacitate linguae ; 8, 22 :
morbo procacitatis ; 5, 13 : procax.

TITVLVS. Controversia ciceronis in salustium incipit *H*[a] m.
t. c. inuectiva in c. s. incipit *H*[b] ; *uariant cett.*
I. 1 uerbis uitam : uitam uerbis *EV* ‖ aetas tua : aetas ita
EUSSNER ‖ oratio *V* ALD. : ratio *cett.* ‖ enim : eo *V*, om. *E* ‖
actibus : actibus nostris *A* nostris *del. A*[2] *s. s. H*[a] actionibus
VOGEL ‖ consequetur *AM* : -quatur *A*[3], *cett.* ‖ omnem aetatem : aetatem omnem *H*[b] ‖ denudauero *A*.

choqués, c'est à lui plus justement qu'à moi que vous
devez vous en prendre : c'est lui qui a commencé. 2 Pour
moi, je vais tâcher à la fois de lui répondre pour me défendre en vous importunant le moins possible, et de ne pas
être suspect du moindre mensonge en l'attaquant *. Je sais,
Messieurs, qu'en lui répondant je ne dois pas attendre de
vous une grande curiosité, car vous savez déjà que vous
n'entendrez prononcer aucun grief nouveau contre Salluste, mais que vous reconnaîtrez tous les vieux reproches
dont mes oreilles, et les vôtres, et les siennes même, sont
rebattues. Mais vous devez haïr d'autant plus cet homme
que, même lorsqu'il commit ses premières fautes, il ne fit
point son apprentissage sur des peccadilles, mais débuta
de manière à ne pouvoir ni être vaincu par personne, ni se
dépasser lui même en rien dans le reste de sa vie. 3 Aussi
n'a-t-il d'autre soin que de faire partager à n'importe qui
la boue dans laquelle il se vautre comme un porc. Mais il
se trompe grandement dans cette opinion ; car ce n'est
pas avec l'insolence de la langue que se nettoient les sale-
tés de la vie, et il est une sorte de blâme que chacun de
nous, dans son âme et conscience, porte sur celui qui
lance contre les bons citoyens une fausse accusation. Si
donc la vie de cet homme échappe à votre mémoire, vous
devez, Messieurs, la considérer, non d'après un discours,
mais d'après ses mœurs mêmes. Je vais m'efforcer de les
rappeler aussi brièvement que je pourrai. Au reste notre
présente altercation ne sera pas sans utilité pour vous,
Messieurs. Il est fréquent en effet que la république pro-

---

§ 2, 1. 5. — La construction *mentitum esse uideatur* est sin-
gulière ; on attendrait *mentitus esse uidear*. L'auteur semble
avoir voulu utiliser la fameuse clausule cicéronienne : *esse
uideatur* dont se moquaient les puristes.

huic quam mihi suscensere debetis, qui initium intro-
duxit ; 2 ego dabo operam, ut, et pro me minimo cum
fastidio respondeam, et in hunc minime mentitum
esse uideatur. Scio me, patres conscripti, in respon-
dendo non habere magnam exspectationem, quod
nullum uos sciatis nouum crimen in Sallustium audi-
turos, sed omnia uetera recognituros quis et meae, et
uestrae iam, et ipsius aures calent. Verum eo magis
odisse debetis hominem qui, ne incipiens quidem, pec-
care minimis rebus posuit rudimentum, sed ita ingressus est ut neque ab alio uinci possit, neque ipse se
omnino reliqua aetate praeterire. 3 Itaque nihil aliud
studet nisi ut lutulentus sus cum quouis uolutari.
Longe uero fallitur opinione : non enim procacitate
linguae uitae sordes eluuntur, sed est quaedam calum-
nia, quam unus quisque nostrum testante animo suo
fert de eo qui falsum crimen bonis obiectat. Quod si
uita istius memoriam uicerit, illam, patres conscripti,
non ex oratione sed ex moribus suis spectare debebitis. Iam dabo operam, quam maxime potuero, breue
ut faciam. Neque haec altercatio nostra uobis inutilis
erit, patres conscripti. Plerumque enim res publica

---

suscensere *T* : succendere *V* succensere *cett.* ‖ debetis :
debeatis α *HE* debebitis *V* ‖ qui : q$\overline{m}$ *M* qu$\overline{a}$ *H*¹.
2 mentitum esse uideatur : mentitus esse uidear *H*ᵇ*V*ω ‖
sciatis : scio *H*ª sciam Jord. ‖ quis : quibus *V* ‖ debetis :
debebitis *ABTE* ‖ qui : quam *H* quod *M* ‖ minimis *A*² :
minim... *A* in minimis *H*ᵇ non... c$\overline{u}$ minimis *C* ‖ omnino :
*om. H*ᵇ omni *V* ‖ ut : *om. E, del.* Schmidt Jord. ‖ 3 lutulentus
sus *EM*ω Ald. : lutulentus, *om.* sus *cett.*, Kurf. ‖ uolutari :
uoluptari *H*ª*HV* ‖ suo : *om. HH*ᵇ*M* ‖ *uerba* de eo — obiectat
secl. Jord. ‖ qui : quod *ATB* quia *H*ª ‖ illam Cort. : aliam *O* ‖
debebitis *ATB* : debetis *H*ª *H*ᵇ ‖ potuero : potero Ald. ‖
breue ut *AH*ª : breuem *H*ᵇ : breue *om.* ut *HE* ‖ haec *om. E*,
s. s. *H*ª.

fite des inimitiés privées, lorsqu'aucun citoyen ne peut cacher quelle sorte d'homme il est.

II. 4 Premièrement donc, puisque Salluste enquête sur nos ancêtres à tous d'après un même modèle et une même règle, je voudrais qu'il me réponde sur ce point : les hommes qu'il a présentés comme exemple, les Métellus et les Scipions, avaient-ils quelque réputation et quelque gloire avant que leurs exploits et leur vie sans reproche ne les eussent mis en valeur ? Or, si c'est là l'origine de leur nom et de leur gloire, pourquoi n'en jugerait-on pas de même à notre égard, nous dont les exploits sont illustres, et la vie d'une intégrité parfaite ? On dirait vraiment, Salluste, que tu es issu de ces hommes-là. Si cela était, il n'y en aurait pas mal déjà à rougir de ta turpitude. 5 Pour moi, c'est à ma valeur que mes ancêtres doivent l'éclat de leur nom, si bien que, s'ils ne furent pas connus avant moi, c'est de moi qu'ils tiennent le commencement du souvenir qu'on en garde ; toi, par le déshonneur de ta vie, tu as plongé tes aïeux dans des ténèbres si épaisses [1] que, même s'ils furent des citoyens éminents, ils sont néanmoins tombés dans l'oubli. Aussi ne va pas me reprocher mon manque d'ancêtres. J'aime mieux en effet briller par mes propres exploits que m'appuyer sur la bonne renommée de mes aînés, et avoir une vie telle que je sois pour mes descendants l'origine de leur noblesse, et un exemple

---

II 5, 1. *tu tuis... magnas offudisti tenebras* e. q. s. : nous ne savons rien de ses ancêtres, ni de son père, cf. infra § 13.

La métaphore *offundere tenebras* « répandre l'obscurité devant », comme *fundere lucem, lumen* (Ennius, Virgile, etc.), est sans doute empruntée à Cicéron notamment dans le *de domo* et le *pro Roscio Amer.*, cf. les *Loci similes*.

priuatis crescit inimicitiis, ubi nemo ciuis qualis sit uir potest latere.

II. 4 Primum igitur, quoniam omnium maiores C. Sallustius ad unum exemplum et regulam quaerit, uelim mihi respondeat num quid his quos protulit, Scipiones et Metellos, ante fuerit aut opinionis aut gloriae quam eos res suae gestae et uita innocentissime acta commendauit. Quod si hoc fuit illis initium nominis et dignitatis, cur non aeque nobis existimetur, cuius res gestae illustres et uita integerrime acta ? Quasi uero tu sis ab illis, Sallusti, ortus. Quod si esses, nonnullos iam tuae turpitudinis pigeret. 5 Ego meis maioribus uirtute mea praeluxi, ut, si prius noti non fuerunt, a me accipiant initium memoriae suae ; tu tuis uitae, quam turpiter egisti, magnas offudisti tenebras, ut, etiamsi fuerint egregii ciues, certe uenerint in obliuionem. Qua re noli mihi antiquos uiros obiectare : satius est enim me meis rebus gestis florere quam maiorum opinione niti, et ita uiuere ut ego sim posteris meis nobilitatis initium et uirtutis

---

II, 4 *quasi uero*: *Inu.*, I, 2, 3 : quasi uero non fuerit ; 3, 6 quasi uero non confeceris. — 5 *offudisti tenebras* : Cɪc., *dom* 137 : tenebris offusis ; *Rosc. Am.*, 91 : tamquam si offusa re publicae sempiterna nox esset. — *uenerint in obliuionem* cf. Cɪc., *Verr.*, II, 4 79.

II. 4 his Sᴄʜᴍɪᴅᴛ : hi *H* hii *MV* hos *cett.* ; *om. E* ‖ et *om.* *EH*ᵇ ‖ *post* Metellos : uel fabios *add.* ω ‖ fuerit Sᴄʜᴍ. : fuerīt *H*ᵇ fuerunt *V* fuerint *cett.* ‖ commendauerunt *V* ‖ nobis : de nobis *H*ᵇ*B*, Jᴏʀᴅ. ‖ illis : illis uiris *HH*ᵇ *E*.
5 praeluxi : proluxi *H*ᵃ*A* ‖ fuerunt *HAT* : -rint *BMV*ᵃ fuerant *H*ᵇ ‖ accipiant : incipiant *H*ᵇ*B* ‖ uitae (*s. s. H*ᵃ) *O* : uita Aʟᴅ. Jᴏʀᴅ. ‖ offudisti : offendisti *H* (obfuidisti *H*ᵃ) effudisti *EV* ‖ certe : per te certe *V* certe a te ω per te ᴠᴀɴ ᴅᴇʀ Hᴏᴇᴠᴇɴ ‖ noli mihi *HH*ᵇ Jᴏʀᴅ. : mihi noli *ÃH*ᵃ ‖ maiorum opinione : opinione maiorum *HH*ᵇ*M*. ‖ ego : *om.* α.

de vertu. Il ne faut pas non plus, Messieurs, me comparer avec ceux qui sont déjà disparus, et qui échappent désormais à la haine et à l'envie [2], mais avec ceux qui ont, à mes côtés et en même temps que moi, participé à la vie politique. 6 Mais admettons que j'aie trop usé de la brigue dans mes candidatures aux honneurs — je ne parle pas de cette brigue de la popularité, dont je me reconnais le premier partisan, mais de cette brigue pernicieuse menée contrairement aux lois où Salluste a brillé au premier rang — ou que j'aie été aussi sévère que tu dis dans l'exercice des magistratures ou dans le châtiment des méfaits, et encore aussi vigilant dans la défense de la république ; c'est là ce que tu appelles « proscription », je crois, parce que tous tes semblables n'avaient pas vécu sains et saufs dans la ville — pourtant dans quelle meilleure situation se trouverait la république si toi, le semblable et l'égal de tous les citoyens criminels, tu avais été ajouté à leur nombre ! 7 Ai-je eu tort alors en écrivant : « Armes, cédez à la toge », moi qui, en toge, ai vaincu des hommes en armes, et arrêté la guerre en pacificateur ? Ai-je menti en proclamant « O Rome fortunée, sous mon consulat née », moi qui ai su éteindre cette redoutable guerre intestine et l'incendie domestique qui ravageait la ville ? III. Et n'as-tu pas honte de toi, homme inconstant entre tous, de me reprocher des choses dont, dans tes histoires [1], tu me glorifies ?

---

2. *omnique odio carent et inuidia* : cf. *Ep. ad Caes.*, II, 13, 7 : *nam uiuos interdum fortuna, saepe inuidia fatigat.*

III, 1. *in historiis* : allusion obscure, peut-être à la conjuration de Catilina ; le pseudo-Cicéron opposant Salluste historien à Salluste sénateur ?

On ne voit pas dans les *Histoires* de SALLUSTE, dont les sept livres traitaient de la période comprise entre les années 78-67, la place qui aurait pu être faite à Cicéron sauf à propos de ses premiers discours, où il se pose en l'adversaire de Sylla.

exemplum. Neque me cum iis conferri decet, patres
conscripti, qui iam decesserunt omnique odio carent
et inuidia, sed cum eis qui mecum una in re publica
uersati sunt. 6 Sed [si] fuerim aut in honoribus petendis
nimis ambitiosus — non hanc dico popularem ambi-
tionem, cuius me principem confiteor, sed illam per-
niciosam contra leges, cuius primos ordines Sallustius
duxit — aut in gerundis magistratibus, aut in uindicandis maleficiis tam seuerus, aut in tuenda re publica
tam uigilans, quam tu proscriptionem uocas, credo,
quod non omnes tui similes incolumes in urbe uixis-
sent : at quanto meliore loco res publica staret, si
tu par ac similis scelestorum ciuium una cum illis
adnumeratus esses ? 7 An ego tunc falso scripsi
« cedant arma togae », qui togatus armatos et pace
bellum oppressi ? An illud mentitus sum « fortunatam me consule Romam », qui tantum intestinum
bellum ac domesticum urbis incendium extinxi ?
III. Neque te tui piget, homo leuissime, cum ea culpas
quae in historiis mihi gloriae ducis ?

6 *par ac similis* : *Cat.*, 14, 4. — 7 *cedant arma togae* : *Inu.*
I, 3, 6. — *intestinum bellum* e. q. s., Cıc., *Cat.*, II, 28 : bellum
intestinum ac domesticum [bellum... extinxi] ; Cıc., *Sest.*, 31.
   III. 7 *homo leuissime* : *Inu.*, I, 3, 5 : homo leuissimus...
leuissimus senator ; 4, 7 leuissime transfuga.

   iis : his *O* (hiis *V*) ‖ decesserunt : decessere *H*[b] discesserunt
H[a] ‖ odio : studio *H*[b].
   6 si *del.* Cort. ‖ petundis *H*[b] ‖ duxit : dixit *H*[1]*M* ‖ magistratibus <tam seuerus> Eussn. *qui infra* maleficiis tam
saeuus *coni.* ‖ uindicandis : iudi- *H*[b] ‖ in tuenda republica *V* :
in tuendam r. p. *HH*[b]*M* in r. p. *cett.* ‖ quam : quod *H*[a] ‖ in
<hac> urbe Orell. ‖ in urbe uixissent : in urbem uenis-
sent *H*[1] *P* Ald. ‖ scelestorum : sceleratorum *BV*[1].
   7 armatos *om.* α *M* ‖ fortunatam natam *V* Ald.
   III. neque : neque quidem *V* necquid *HEP* nequid *M*
numquid *H*[b] ; ecquid *coni.* Heraeus ‖ in historiis *V* Ald. :
historiis *cett.*, Kurf.

Serait-il plus honteux de mentir la plume à la main qu'en parlant ouvertement dans cette assemblée ? Et quant aux calomnies que tu as répandues sur ma jeunesse, j'estime que je suis aussi éloigné des mauvaises mœurs que toi des bonnes *. Mais que sert de me plaindre davantage de toi ? 8 Quel mensonge en effet as-tu honte de faire, toi qui as osé me reprocher mon éloquence comme un vice, cette éloquence dont tu as toujours réclamé le concours [1] pour te défendre contre tes fautes ? Crois-tu qu'on puisse devenir un citoyen éminent sans avoir été instruit dans ce talent et dans cette discipline ? Penses-tu qu'il puisse y avoir d'autres premières leçons et initiations à la vertu pour nourrir les esprits dans l'amour de la gloire ? Mais il ne faut pas s'étonner, Messieurs, si cet homme, qui n'est tout entier que paresse et jouissance [2], s'étonne de ces études comme d'une chose nouvelle et inusitée.

9 Quant à cette rage insolite qui t'a lancé à insulter ma femme et ma fille, elles qui, femmes, se passent plus aisément des hommes, que toi, homme, tu te passes d'hommes, tu as certes agi avec assez de sagesse et d'habileté. Tu as espéré en effet que je ne te rendrais pas la pareille, et que je n'irais pas, en retour, m'en prendre à tes proches : tu fournis en effet à toi seul suffisamment de matière, et il n'y a rien à ton foyer qui soit plus digne d'opprobre que toi [1]. Tu t'es aussi trompé étrangement si tu as cru pouvoir soulever la jalousie contre moi en invoquant ma for-

§ 7 fin. *aetatem* : le mot désigne ici, comme souvent, la jeunesse, *prima aetas*, et non la vie tout entière, cf. THESAURUS s. u., col. 1128, 48. — *impudicitia — pudicitia* : type d'opposition classique ; cf. plus bas, § 9... *quae facilius mulieres se a uiris abstinuerunt quam tu, uir, a uiris.* Cette accusation d'impudeur s'adressait aussi bien aux femmes qu'aux hommes : qu'on se rappelle Aurelia Orestilla Fulvia de la conjuration de Catilina, et surtout Semproia « (*cuius*) *lubido sic accensa ut saepius peteret uiros quam peteretur.* » (*Cat.*, 25, 3).

An turpius est scribentem mentiri quam uel palam hoc ordine dicentem ? Nam quod in aetatem increpuisti, tantum me abesse puto ab impudicitia quantum tu a pudicitia. 8 Sed quid ego de te plura querar ? Quid enim mentiri turpe ducis, qui mihi ausus sis eloquentiam ut uitium obicere, cuius semper nocens eguisti patrocinio ? An ullum existimas posse fieri ciuem egregium, qui non his artibus et disciplinis sit eruditus ? An ulla alia putas esse rudimenta et incunabula uirtutis quibus animi ad gloriae cupiditatem aluntur ? Sed minime mirum est, patres conscripti, si homo, qui desidiae ac luxuriae plenus sit, haec ut noua atque inusitata miratur.

9 Nam quod ista inusitata rabie petulanter in uxorem et in filiam meam inuasisti, quae facilius mulieres se a uiris abstinuerunt quam tu uir a uiris, satis docte ac perite fecisti. Non enim me sperasti mutuam tibi gratiam relaturum, ut uicissim tuos compellarem : unus enim satis es materiae habens, neque quicquam domi tuae turpius est quam tu. Multum uero te

---

II, 8 *sed quid ego* e. q. s. : *Inu.*, I, 4, 7 : sed quid ego plura de tua insolentia commemorem ? — *sed minime mirum est: Inu.* I, 2 : itaque minime mirandum est ; II, 4, 11 (bis).

uel NORDEN : ullum *HMPv* illud *E* illam *T* illic *H*ᵇ illum *cett.*, JORD. unum STANGEL ; *del.* HERAEUS ‖ hoc : in hoc LAMB. ‖ in aetatem *A* : in aetate *H*ᵃ in meam aetatem Hᵇ ω.

8 querar *HATB* : loquar *H*ᵇ *P. s. s.* ‖ ducis : dicis *H*ᵃ*BTE* ‖ sis : es *H*ᵇ ‖ ullum : illum *HH*ᵇ nullum *H*ᵃ ‖ rudimenta *AH*ᵇ : erudi- *cett.* ‖ cunabula *BV* ‖ alantur *V* ‖ minime : impune *H* ‖ home leuissimus *A* ‖ ac : aut *A* ‖ sit : est BAITER.

9 rabie : rabiae *H* rabies *H*ᵃ*A* ‖ meam *om. HEMP* ‖ inuasisti *om.* α. ‖ mutuam *om. H*ᵇ metuam *P* ‖ satis es : es satis *AH*ᵇ satis est *B* ‖ habens materiae *H*ᵇ ‖ domi : domui *AEV* ‖ uero *om.* α : enim *M.*

tune, elle qui est beaucoup moindre que celle dont je suis digne [2]. Et pourtant, j'aimerais mieux qu'elle ne fût pas aussi grande qu'elle n'est, et voir vivre encore mes amis plutôt que d'être enrichi par leurs testaments.

10 Moi, un fuyard, Salluste ? J'ai cédé devant la fureur d'un tribun de la plèbe : j'ai jugé plus utile de m'exposer, moi seul, à n'importe quelle fortune que d'être pour le peuple romain tout entier la cause d'une dissension civile. Mais lorsque cet homme eut fini de se déchaîner pendant son année de tribunat dans la république, et que tous les troubles qu'il avait provoqués se furent apaisés avec le retour du calme et de la paix, sur le rappel de cet ordre, et la république elle-même me remenant par la main, je suis revenu. O jour qui, si je le comparais avec tout le reste de ma vie, l'emporterait dans mon cœur sur les autres, lorsque, d'un même élan, vous et le peuple Romain en foule vintes à ma rencontre pour me féliciter ! Telle est l'estime que tous ont voulu manifester pour moi, ce fuyard, cet avocat mercenaire.

IV. 11 Et il n'est, parbleu, pas étonnant que j'aie toujours estimé justes les amitiés de tous. Je ne me suis en effet assujetti ni adjugé au service particulier d'un seul homme, mais chacun, selon le zèle plus ou moins grand qu'il mettait à défendre la république, a été soit mon ami, soit mon adversaire. Moi, je n'ai jamais rien voulu de plus que le triomphe de la paix [1] ; beaucoup d'autres ont encouragé

9-12, 2. L'invective ne fait ici que répondre aux accusations lancées contre Cicéron par le Pseudo-Salluste, notamment, 4, 7.

IV, 11, 1. *Ego nihil plus uolui ualere quam pacem* : sur cette volonté pacifique de Cicéron, qu'il a souvent exprimée, v. entre autres la lettre qu'il écrivit à César, *ad Att.*, IX, 11, A, où il s'efforce de le réconcilier avec Pompée ; et celle à M. Marcus où il se dit : *desperans uictoriam primum coepi suadere pacem, cuius fueram semper auctor.*

opinio fallit, qui mihi parare putasti inuidiam ex mea
re familiari, quae mihi multo minor est quam habere
dignus sum. Atque utinam ne tanta quidem esset
quanta est, ut potius amici mei uiuerent quam ego
testamentis eorum locupletior essem !

10 Ego fugax, C. Sallusti ? Furori tribuni plebis
cessi : utilius duxi quamuis fortunam unus experiri
quam uniuerso populo Romano ciuilis essem dissen-
sionis causa. Qui postea quam ille suum annum in re
publica perbacchatus est, omniaque quae commouerat
pace et otio resederunt, hòc ordine reuocante atque
ipsa re publica manu retrahente me reuerti. Qui mihi
dies, si cum omni reliqua uita conferatur, animo quidem meo superet, cum uniuersi uos populusque Romanus frequens aduentu meo gratulatus est. Tanti me,
fugacem, mercennarium patronum, hi aestimauerunt.

IV. 11 Neque, hercules, mirum est si ego semper
iustas omnium amicitias aestimaui. Non enim uni
priuatim ancillatus sum neque me addixi, sed quantum quisque rei publicae studuit, tantum mihi fuit
aut amicus aut aduersarius. Ego nihil plus uolui
ualere quam pacem ; multi priuatorum audacias nu-

---

10 *perbacchatus est*: Cic., *Phil.*, II, 104.
IV. **11** *ancillatus sum* : *Inu.*, *I*, 4, 7 : ancillaris.

opinio *H*ᵇ Jord. : ut opinor *A* opinor *cett.* Kurf. ‖ qui :
quae*A* quod *M* (*ex* quae) *H*ᵃ, *om. P* si Jord. ‖ parere *s. s.* a *H*.
10 fugax : quidem *A* ‖ essem : esse *H*ᵃ, Jord. ‖ omniaque
quae *H*ᵃ (*H*ᵇ) *V* omnia quaeque *BT* omnia quae *AEM* omnia
HP ‖ ipsa r. p. *H*ᵇ *EMP* ipsam r. p. *V* ipsa p. r. *H*ᵃ*BT* ipso
p. r. *A* ‖ existimauerunt *H*ᵇ exti- *V*.
IV. **11** hercules *H*ᵃ*E* hercule *H*ᵇ*PV* ercule *M* hercle *cett.* ;
uariant codd. hic et infra, 5, 14 ; 8, 20. ‖ iustas <iustorum>
coni. Eussn. ‖ addixi : abduxi *A* ‖ aduersarius : inimicus
HEMP ‖ uolui plus *H*ᵇ ‖ in uos *EMV*ω Ald., *om. H*ᵇ, in *om.*
cett. uos in *H*ᵃ *del. m. rec.*

les coups d'audace de certains individus ; moi, je n'ai
jamais eu d'autre crainte que des lois ; beaucoup d'autres
ont voulu faire craindre leurs armes ; moi, je n'ai jamais
voulu détenir de pouvoir que pour vous défendre ; beaucoup d'autres, forts du pouvoir qu'ils tenaient de vous,
se sont servis de leurs forces abusivement contre vous.
Aussi ne faut-il pas s'étonner que je n'aie voulu avoir
aucun ami qui n'ait été constamment l'ami de la république. 12 Et je ne me repens pas ni d'avoir accepté de
défendre Vatinius quand il me l'a demandé, ni d'avoir
abattu l'insolence de Sestius, ni d'avoir jugé coupable la
passivité de Bibulus [1], ni d'avoir encouragé les prouesses
de César [2]. Ce sont là en effet des titres de louange d'un
citoyen éminent, et des titres uniques. Si tu me les reproches comme des fautes, c'est ton aveuglément qu'on criti-
quera, non mes fautes qu'on accusera. J'en dirais davantage si je devais m'expliquer devant d'autres, Messieurs,
et non devant vous, vous que j'ai eus pour mentors dans
toutes mes actions. Mais quand ce sont les faits qui témoignent, qu'est-il besoin de paroles [*] ?

　　V. 13 Maintenant, Salluste, pour en revenir à toi, je
veux laisser de côté ton père qui, s'il n'a jamais commis
d'autre faute dans sa vie, n'a pu néanmoins faire de plus
grand tort à la république qu'en engendrant un fils tel
que toi ; je ne veux pas non plus, si tu as commis quelques
fautes dans ton enfance, en poursuivre la recherche, pour
ne pas paraître accuser ton père, qui à cette époque avait

12, 1. *Bibuli* : cf. *Epist.*, II, 9, 1.
　12, 2. *uirtutibus Caesaris faui* : notamment dans le *de
prouinciis consularibus* (mai-juin 56) où il intervint pour qu'on
maintînt à César son proconsulat en Gaule, contre l'avis des
optimates.
　Rerum — uerbis : opposition traditionnelle, empruntée à la
langue du droit, cf. CICÉRON, *Phil.*, 2, 11: *qui consulatus uerbo
meus, patres conscripti, re uester fuit.*

triuerunt. Ego nihil timui nisi leges ; multi arma sua
timeri uoluerunt. Ego numquam uolui quicquam
posse nisi pro uobis ; multi ex uobis potentia freti in
uos suis uiribus abusi sunt. Itaque non est mirum si
nullius amicitia usus sum qui non perpetuo rei
publicae amicus fuit. 12 Neque me paenitet, si aut
petenti Vatinio reo patrocinium pollicitus sum, aut
Sesti insolentiam repressi, aut Bibuli patientiam
culpaui, aut uirtutibus Caesaris faui. Hae enim laudes
egregii ciuis et unicae sunt. Quae si tu mihi ut uitia
obicis, temeritas tua reprehendetur, non mea uitia
culpabuntur. Plura dicerem, si apud alios mihi esset
disserendum, patres conscripti, non apud uos, quos
ego habui omnium mearum actionum monitores.
Sed ubi rerum testimonia adsunt, quid opus est
uerbis ?

V. 13 Nunc ut ad te reuertar, Sallusti, patrem tuum
praeteream, qui si numquam in uita sua peccauit,
tamen maiorem iniuriam rei publicae facere non
potuit quam quod te talem filium genuit ; neque tu
si qua in pueritia peccasti, exsequar, ne parentem
tuum uidear accusare, qui eo tempore summam tui

---

timui... leges : Cic., *dom.*, 71 : sed uero isti qui Clodii leges
timuerunt, quem ad modum ceteras obseruarunt ? — **12** *teme-*
ritas reprehendetur : Cic., *dom*, 88 : ac si... populus Romanus...
temeritatem atque iniuriam suam restitutione mea repre-
hendisset...

12 uatinio (*H*ᵇ) *M* : uectiuo *V* uatino *cett.* ‖ sesti : sestii
HP festi *AV* sexti *E* ‖ egregii : egregiae *H*ᵃ*BT* ‖ unici *H*ᵇ ‖
reprehendetur *V*²Ald. : -ditur *H*ᵇ-dantur *B* -datur *cett.* ‖ disserendum *H*ᵇ*M* : discernendum *cett.* dicendum Ald. ‖ ego *om.*
α *E* ‖ semper habui *V*.
V. **13** ut ad te *HMP* ad te ut *H*ᵃ (ut *del. m. rec.*) Ald. ut
om. cett., Jord. ‖ patrem *HP* ad patrem *H*ᵇ patremque *cett.*,
Jord. ‖ accusare : culpare *H*ᵇ ‖ qui (*H*ᵇ)_*M* : si *cett.*

sur toi tout pouvoir ; mais j'examinerai quelle a été ton adolescence ; cette démonstration faite en effet, il sera facile de comprendre quelle enfance intraitable t'a mené à devenir un adolescent aussi impudique et scandaleux. Lorsque à ton estomac sans fond [1] ne purent plus suffire les gains que tu tirais de ton corps sans pudeur, et comme tu n'étais plus d'âge à te soumettre aux fantaisies de quiconque eût voulu de toi, tu étais emporté par des passions insatiables, qui t'amenèrent à essayèr sur d'autres les vices dont tu n'avais pas eu honte sur ton propre corps. **14** Ainsi n'est-il pas aisé, Messieurs, de compter avec exactitude si c'est avec les parties honteuses de son corps qu'il a gagné ou perdu sa fortune. Sa maison paternelle, du vivant de son père, il n'a pas rougi de la mettre en vente. Et personne peut-il douter qu'il ait forcé à mourir ce père dont, avant même qu'il fût mort, il gérait tous les biens à titre d'héritier ? Et voilà l'homme qui a le front de me demander qui habite dans la maison de P. Crassus, quand lui-même, si on l'interroge, ne peut dire qui habite dans sa propre maison paternelle. — « Mais, morbleu, s'il a commis par inexpérience quelques erreurs de jeunesse, il s'est corrigé par la suite ». — Non pas, mais il s'est enrôlé dans la bande sacrilège de Nigidius [1] ; traîné deux fois sur les bancs de la justice, il se vit dans une situation désespérée, et lorsqu'il s'en tira, chacun estima qu'il le devait non à son innocence mais à la prévarication des

---

1. *immensae gulae* : cf. *Inu.*, I, 3, 5.
V, 14, 1. *abiit in sodalicium sacrilegi Nigidiani* : allusion à P. Nigidius Figulus, philosophe et polygraphe à la manière de Varron, cf. SCHANZ-HOSIUS, *op. cit.*, I, p. 552 et s. On le soupçonnait de s'occuper de divination, d'astrologie et de magie, et, semble-t-il, d'avoir formé une société secrète où se débattaient des questions « *earum rerum quae a natura inuolutae uidentur* » (CIC., *Tim.*, 1, 1) ; cf. CIC., *Interr. in P. Vatinium*, 6, 14, où l'orateur accuse Nigidius de nécromancie et de meurtre rituel. Sur le pythagorisme de Nigidius, v. J. CARCO-PINO, *La basilique pythagoricienne de la Porte Majeure* (Paris, 1927), p. 196 et s.

potestatem habuit, sed qualem adolescentiam egeris :
hac enim demonstrata facile intellegetur quam petu-
lanti pueritia tam impudicus et procax adoleueris.
Postea quam immensae gulae impudicissimi corporis
quaestus sufficere non potuit et aetas tua iam ad ea
patienda quae alteri facere collibuisset, exoleuerat,
cupiditatibus infinitis efferebaris, ut, quae ipse corpori
tuo turpia non duxisses, in aliis experireris. 14 Ita
non est facile exputare, patres conscripti, utrum
inhonestioribus corporis partibus rem quaesierit an
amiserit. Domum paternam uiuo patre turpissime
uenalem habuit [uendidit]. Et cuiquam dubium potest esse quin mori coegerit eum quo hic nondum mor-
tuo pro herede gesserit omnia ? Neque pudet eum a
me quaerere quis in P. Crassi domo habitet, cum ipse
respondere non queat quis in ipsius habitet paterna
domo. — « At hercules lapsus aetatis tirocinio postea
se correxit. » — Non ita est, sed abiit in sodalicium
sacrilegi Nigidiani ; bis iudicis ad subsellia attractus
extrema fortuna stetit, et ita discessit ut non hic
innocens esse, sed iudices peierasse existimarentur.

---

13 *quae... collibuisset* : *Inu.*, I, 1, 2 ; et II, 6, 17. — *cupiditatibus infinitis* : Cic., *Verr.*, II, 2, 184. — **14** *uenalem habuit* :
Inu., I, 1, 1 ; II, 6, 17 ; Cic., *Verr.*, II, 3, 144 || *cuiquam dubium*
e. q. s. : *Inu.*, I, 2, 4.

enim *om.* α *H*ᵇ, Jord. || intellegetur *T* : intelli- *H*ᵇ *V*,
Jord. -legitur *HBP* -ligitur *V*ᵃ, *cett.* || quaestus : questus
idem sumptus facere *HP* (*s. s. H*) ad sumptus *add. sed postea
del. V* quaestuosus sumptus *HP* in stipendia sumptus ω.
14 difficile est *A* || exputare *E*¹ : et putare *B* expectare *AE*ᵃ
*H*ᵃ disputare *H*ᵇ || turpissime *om.* α || uendidit *om. H*ᵇ *secl.*
Jord. || non queat : non querat *V* nequeat *H*ᵇ*BTM* || hercules
α *E* hercule *HH*ᵇ*MPV* || abiit : habiit *TV* habuit *ex* habiit *H*ᵃ ||
sacrilegium nigidianum *H*ᵇ (*ad rem v. Mn.* 41· [1913], 23 *sq.*)
Kurf. || peierasse *A* : peia- *H*ᵃ perer- *BT* pe. erasse *T*ᵃ

juges. **15** Ayant obtenu son premier honneur dans la
questure, il traita par le mépris cette place et cet ordre
dont l'accès venait de lui être ouvert aussi malgré toute
son ignominie. Ainsi donc, craignant sans doute de voir
ses forfaits vous échapper, quoiqu'il fût honni de tous les
maris des honnêtes femmes, il a confessé son adultère
devant vous qui l'écoutiez, sans rougir devant vos visa-
ges [1].

VI. Vis à ta guise, Salluste, agis comme tu le voudras ;
qu'il suffise que tu sois seul conscient de tes crimes. Ne
va pas trop nous reprocher notre mollesse et notre torpeur : nous sommes attentifs à protéger la vertu de nos
épouses, mais nous ne sommes pas si éveillés que nous
puissions nous garer de toi : ton audace triomphe de nos
soins. **16** Peut-il y avoir, Messieurs, quelque action ou
quelque parole honteuse qui le fasse reculer, quand il n'a
pas eu honte, devant vous qui l'écoutiez, d'avouer son
adultère ? Et si je n'avais pas voulu te rien répondre de
moi-même, et que je lise publiquement à haute voix, selon
la loi, le blâme censorial que t'ont infligé, chacun de son
côté, Appius Claudius et L. Pison [1], citoyens intègres
entre tous, n'aurais-je pas l'air de te marquer de flétris-

Ch. V, § 15. Tout ce paragraphe est pour nous assez obscur,
et le texte parfois peu sûr, comme le montrent les tentatives
nombreuses faites pour le corriger. Jordan écrit : *primum
honorem in quaestura adeptus secutus est hunc locum et hunc
ordinem despectu*, mais j'avoue ne pas comprendre la phrase
secutus est... despectu. Nous ne savons pas non plus à quel propos et dans quelles circonstances Salluste aurait été amené à
confesser son adultère devant les sénateurs. Sur cet adultère,
dont le témoignage remonte à Varron, voir le *Commentaire*,
p. 83 ; il n'y est pas question d'aveu fait par Salluste, et l'anec-
dote peut être inventée, et appartenir au folklore ; car elle
est racontée, à peu près dans les mêmes termes, de plusieurs
personnages ; cf. Valère Maxime, VI, 1, 13 ; et Horace, *Sat.*,
1, 2 *passim*, notamment v. 41 et s., avec la note de P. Lejay.

15 Primum honorem in quaestura adeptus, hunc
locum et hunc ordinem despectui <habuit>, cuius
aditus sibi quoque sordidissimo homini patuisset.
Itaque timens ne facinora eius clam uos essent, cum
omnibus matrum familiarum uiris opprobrio esset,
confessus est uobis audientibus adulterium neque
erubuit ora uestra.

VI. Vixeris ut libet, Sallusti, egeris quae uolue-
ris : satis sit unum te tuorum scelerum esse conscium.
Noli nobis languorem et soporem nimium exprobrare:
sumus diligentes in tuenda pudicitia uxorum nostra-
rum, sed ita experrecti non sumus, ut a te cauere
possimus ; audacia tua uincit studia nostra. 1₃ Ecquod
hunc mouere possit, patres conscripti, factum aut
dictum turpe, quem non puduerit palam uobis audientibus adulterium confiteri ? Quod si tibi per me nihil
respondere uoluissem, sed illud censorium eloquium
Appii Claudii et L. Pisonis, integerrimorum uirorum,
quo usus est quisque eorum, pro lege palam uniuersis
recitarem, nonne tibi uiderer aeternas inurere maculas,

VI, **15** *uixeris... egeris* : *Inu.*, I, 3, 6 : egeris, oro te, Cicero,
profeceris quidlibet ; satis est. — **16** *maculas... eluere* : Cɪᴄ.,
Verr., II, 5, 121.

15 adeptus : adeptus secutus est α *V*, Jᴏʀᴅ. *qui deinde* despectu
scripsit ; <in>secutus est Sᴛᴀɴɢʟ, *del.* Cᴏʀᴛ. Nᴏʀᴅᴇɴ, Wɪʀᴢ ||
despectui <habuit> Nᴏʀᴅᴇɴ despectus (*in ras. M* deserptus
V) *O s. s. l.* tum *E* despectum Aʟᴅ. despectu Jᴏʀᴅ. Sᴛᴀɴɢʟ
despexit Cᴏʀᴛ. despicatus est Wɪʀᴢ ; *locus obscurus* || clam
uos essent : clam essent uobis *V* || matrum : matribus *Hᵇ V*
|| uiris *EMV* uestris *AHBPT ex* uris *Hᵃ*, *om. Hᵇ*.
    exprobare *HᵃBV* || nostrarum uxorum *HMPV*.
16 ecquod : et pro *s. s.* quid *Hᵃ* et quid *V* et quod *cett.* ||
aut dictum β : auditum *Hᵃ* auditu *ATB* ac dictum ω Aʟᴅ. ||
per me nihil : nihil per me *Hᵇ* pro me nihil *Hᵃ*

sures éternelles que ne pourrait effacer le reste de ta vie ?
Du reste, après cette élection au sénat, nous ne te vîmes
jamais plus, sauf quand tu t'es jeté dans ce camp où était
venue confluer toute la sentine de la république. **17** Pourtant ce même Salluste, qui pendant la paix n'avait pu
même rester sénateur, lorsque la république eut été écra-
sée par les armes, ce même Salluste, dis-je, grâce à la
questure fut rappelé au sénat par le vainqueur, quand il
rappela les exilés [1]. Cette magistrature, il la géra si bien
qu'il n'y eut rien en elle qu'il n'ait mis en vente pour peu
qu'il y eût acheteur ; et qu'il admit dans tous ses actes
comme juste et vrai tout ce que son bon plaisir pouvait
imaginer, et qu'il n'exerça pas moins de vexations qu'un
homme qui aurait reçu cette magistrature en guise de
butin. **18** Sa questure accomplie, après avoir donné tant
de gages aux hommes avec lesquels il s'était lié par la res-
semblance de leur vie, il apparaissait désormais comme
un membre de cette bande. Salluste en effet était de ce
parti, où, comme dans un gouffre, était venue se réunir

17, 1. *Sallustius... in senatum per quaesturam est reductus* :
en 50 av. J.-C., un an après son exclusion du Sénat, grâce à
l'appui de César qui lui fit restituer la questure.

Ainsi, grâce à cette réhabilitation, Salluste se serait trouvé
deux fois questeur, et deux fois sénateur, ce qui explique sans
doute la question que l'auteur de l'Invective pose plus bas,
ch. VIII, 21 « Penses-tu donc, Salluste, que c'est la même
chose, au total, d'être deux fois sénateur et deux fois questeur,
que d'avoir reçu deux fois le consulat et deux fois le triomphe ? »

uenale — emptor : l'expression semble empruntée à la
fameuse exclamation prêtée à Jugurtha, *B. J.*, 35, 10 :
« *urbem uenalem et mature perituram si emptorem inuenerit* ».

quas reliqua uita eluere non posset ? Neque post
illum dilectum senatus umquam te uidimus, nisi forte
in ea te castra coniecisti quo omnis sentina rei publicae
confluxerat. 17 At idem Sallustius, qui in pace ne senator quidem manserat, postea quam res publica armis
oppressa est, [et] idem a uictore qui exsules reduxit,
in senatum per quaesturam est reductus. Quem
honorem ita gessit ut nihil in eo non uenale habuerit,
cuius aliquis emptor fuerit, <et> ita egit ut nihil
non aequum ac uerum duxerit quod ipsi facere collibuisset, neque aliter uexauit ac debuit si quis praedae
loco magistratum accepisset. 18 Peracta quaestura,
postea quam magna pignora eis dederat cum quibus
similitudine uitae se coniunxerat, unus iam ex illo
grege uidebatur. Eius enim partis erat Sallustius quo
tamquam in unam uoraginem coetus omnium uitio-

---

sentina... confluxerat : *Cat.*, 37, 5 : omnes... ii Roman sicut-
in sentinam confluxerant ; Cɪᴄ., *Catil.*, II, 4, 7. — **17** *nihil...
non uenale* : *Iug.*, 33, 10 : O urbem uenalem... si emptorem
inuenerit. — **18** *magna pignora* : Cɪᴄ., *Phil.*, I, 4 : magnum
pignus alieni dare. — *quicquid impudicorum* : *Cat..* 14, 2 :
quicumque impudicus, adulter, ganeo... 3 : omnes undique
parricidae, sacrilegi....

eluere : eludere *HP* elucere *E* ‖ posset *ABT*, *H*ᵃ *s. s.* :
possit *HEMP* possis *H*ᵇ *V* possim *V*² ‖ dilectum *B* : delictum
V delectum *cett.* ‖ umquam *om.* α numquam *E* usquam *H*ᵇ.
17 idem : ille *H*ᵇ ‖ ne *om.* *H*ᵇ non *V* ‖ et *del.* Jᴏʀᴅ. ‖ a uictore Jᴏʀᴅ. (cf. *Cic. ep.*, 10, 32, 2) : huic *AV* uictor *H*ᵃ *E* uictores *HH*ᵇ*MP*, *T* (s *eras.*) auctorem *B* ‖ qui : quos *HMP* ‖
per Mᴏᴍᴍsᴇɴ : post *O* ‖ reductus : receptus *H*ᵇ ‖ nihil eo non
*HH*ᵇ : nihil non in eo *H*ᵃ nihil non in eo non, *T* non in eo nihil
AV ‖ et *suppl.* Kᴜʀғ. itaque Aʟᴅ. ‖ uexauit *H*ᵃ *H*ᵇ : uixit
*HMP, s. s. A*² uetuit *B* uetauit *T* ‖ **18** pignera *HMP* ‖ dedisset *H*ᵇ ‖ coniunxerat : conuin- *H*ᵃ ‖ partis erat *A*, Jᴏʀᴅ,
Kᴜʀғ. : erat exemplar *HEMP* exemplar erat *V*ω Aʟᴅ. ‖
quo *A in ras.* : quod quo *H*ᵇ qua B quod *cett.* ‖ tamquam : tanquam *H*ᵇ*B* : tantam *cett.*

l'assemblée de tous les vices ; tout ce qu'il y avait de débauchés, de prostitués [1], de parricides, de sacrilèges, de gens endettés dans Rome [2], dans les municipes, les colonies, dans toute l'Italie était venu échouer là comme dans un bras de mer ; tous perdus de nom et notoires entre tous, n'étant bons à rien dans le camp, sauf par la licence de leurs vices et leur désir d'une révolution [*].

VII. 19 « Mais, lorsqu'il eut été nommé préteur, il a fait preuve de mesure et de désintéressement ». — N'a-t-il pas [1] ravagé si bien la province que nos alliés n'ont jamais rien souffert ni rien appréhendé de pire pendant la guerre que ce qu'ils ont éprouvé pendant la paix, quand cet homme gouvernait l'Afrique inférieure, dont il a tiré tout ce qui a pu, soit être transféré par traite, soit être entassé sur des vaisseaux ? Il en a, dis-je, Messieurs, tiré autant qu'il a voulu. Pour ne pas avoir à se défendre, il s'engage à verser à César douze cent mille sesterces. Si quelqu'un de ces griefs est faux, réfute-le publiquement, et dis-nous, toi, qui récemment encore n'as même pu dégager [2] ta maison paternelle, d'où vient que, devenu soudain riche comme en dormant, tu t'es acheté des jardins d'un très grand prix [3], la villa de C. César à Tibur [4],

---

VI, 18. Cette énumération de gens sans aveu rappelle le chapitre 14 du *Catilina* où Salluste passe en revue tous les hors-la-loi que Catilina avait groupés autour de lui : « *Nam quicumque inpudicus adulter ganeo manu, uentre, pene bona patria lacerauerat, quique alienum aes grande conflauerat, quo flagitium aut facinus redimeret, praeterea omnes undique parricidae, sacrilegi, conuicti iudiciis aut pro factis iudicium timentes, ad hoc quos manus atque lingua periurio aut sanguine ciuili alebat, postremo omnes quos flagitium, egestas, conscius animus exagitabat, ei Catilinae proxumi familiaresque erant,* Cf. le même tableau tracé par CICÉRON dans la *Seconde Catilinaire*, ch. 8-10.

rum excesserat. Quidquid impudicorum, cilonum, parricidarum, sacrilegorum, debitorum fuit in urbe, municipiis, coloniis, Italia tota, sicut in fretis subsederant, nominis perditi ac notissimi, nulla in parte castris apti nisi licentia uitiorum et cupiditate rerum nouarum.

VII. 19 « At postea quam praetor est factus, modeste se gessit et abstinenter. » — Non ita prouinciam uastauit ut nihil neque passi sint neque exspectauerint grauius in bello socii nostri quam experti sunt in pace, hoc Africam inferiorem obtinente ? Vnde tantum hic exhausit quantum potuit aut fide nominum traici aut in naues contrudi : tantum, inquam, exhausit, patres conscripti, quantum uoluit. Ne causam diceret, sestertio duodeciens cum Caesare paciscitur. Quod si quippiam eorum falsum est, his palam refelle unde, qui modo ne paternam quidem domum reluere potueris, repente tamquam somno beatus hortos pretiosissimos, uillam Tiburti C. Caesa-

VII. **19** *quod si quippiam* e. q. s. : *Inu.*, I, 2, 4 ; quae si tibi falsa obicio, redde rationem... qua ex pecunia domum paraueris.

excesserat : conflixerat *H*b || cilonum *M* : cillonum *V* ciclonum *H*b cyclonum *cett.* chilonum MAURENBRECHER, *(fortasse recte, cf. Thes. L. L. s. u.* chilo) gulonum LEO || debitorum *H*b *edd. plerique* : deditorum *cett.*, KURF. dediciciorum *H*a || nominis : homines GULIELM.
19 non ita... ? JORD. : nonne *V*² *edd.* quin *H*b non enim *P* ; non ita ; prouinciam KURF. || exspectauerint : exspectarint β -uerunt *BT* -rent *P* || inferiorem CORR., JORD. : interiorem *O* || obtinente : oretinentem *H*a obcontinente *HM* continente *P* tentante *V* || traici : trahici *H*a *M* trahi *B* tercii *H*b || in naues : ignauos *E* in aues *H*b || uoluit : potuit *E*¹ || quippiam : quicquam *H*b || his : hiis *V* hic *H*b*V* CORR. || reluere *V*, HERAEUS : relinire (-nere) *cett.* redimere ALD. retinere VOSSIUS || somno *O*, KURF. : somnio *edd.* || tiburti *secl.* JORD.

et toutes ses autres propriétés. **20** Et tu n'as pas hésité pourtant à me demander pourquoi j'avais, moi, acheté la maison de P. Crassus, alors que toi, tu es de longue date propriétaire de la villa qui peu auparavant avait appartenu à César [1]. A peine, dis-je, ton patrimoine non pas mangé, mais dévoré, par quelles opérations es-tu devenu subitement si abondamment pourvu et comblé de richesses ? Car qui donc aurait fait de toi son héritier, toi que personne ne considère même comme un ami suffisamment honorable, sauf quelqu'un de tes semblables et de tes égaux ?

VIII. Sans doute, diras-tu, ce sont les hauts faits de tes ancêtres qui te rehaussent ; mais que ce soit toi qui leur ressembles, ou eux à toi, on ne peut rien ajouter à votre indignité et à votre scélératesse à tous. **21** Mais, j'imagine, ce sont tes honneurs qui te rendent insolent. Penses-tu donc, Salluste, que c'est la même chose, au total, d'être deux fois sénateur et deux fois questeur, que d'avoir reçu deux fois le consulat et deux fois le triomphe * ? Il faut être exempt de toute faute quand on se dispose à dire du mal d'autrui. Seul du reste en dit du mal qui ne peut entendre la vérité d'autrui. Mais, toi, le pique-assiette de toutes

---

20, 1. *uetus uillae dominus sis... Caesar* : cette phrase semble indiquer que l'auteur de l'*Invective* se place après la mort de César ; mais l'adjectif *uetus* est peu vraisemblable, et contredit par l'adverbe *paulo ante* qui suit ; lire *eius* avec Baiter ?

21. Cf. plus haut, la note 1 de la page 67, où une explication est suggérée du groupe *bis senatorem et bis quaestorem*. Mais on ne sait quel personnage est visé par l'expression *bis consularem et bis triumphalem*. Ce ne peut être Cicéron qui n'a été consul qu'une fois en 63, et qui jamais n'a pu obtenir les honneurs du triomphe, malgré le désir qu'il en a manifesté notamment auprès de Caton, cf. *ad Fam.*, XV, 4 et XV, 5, après son proconsulat de Cilicie, en 50 av. J.-C.

ris, reliquas possessiones paraueris. **20** Neque piguit
quaerere cur ego P. Crassi domum emissem, cum tu
uetus uillae dominus sis, cuius paulo ante fuerat
Caesar. Modo, inquam, patrimonio non comesto sed
deuorato, quibus rationibus repente factus es tam
adfluens et tam beatus ? Nam quis te faceret heredem,
quem ne amicum quidem suum satis honestum quisquam sibi ducit nisi similis ac par tui ?

VIII. At, hercules, egregia facta maiorum tuorum
te extollunt. Quorum siue tu similis es siue illi tui,
nihil ad omnium scelus ac nequitiam addi potest.
21 Verum, ut opinor, honores tui te faciunt insolentem.
Tu, C. Sallusti, totidem putas esse bis senatorem et
bis quaestorem fieri quot bis consularem et bis triumphalem ? Carere decet omni uitio qui in alterum
dicere parat. Is demum male dicit, qui non potest
uerum ab altero audire. Sed tu, omnium mensarum

---

20 *comesto* : participium laudat DIOMEDES *G. L. K. I.*, 387,
6 : *ut Sallustianum auctore quodam Didio* (*nomen incertum*)
deuorato : CIC., *Sest.*, 111 ; *Phil.*, II, 67.
VIII. **20** *egregia facta... te extollunt* : *Inu.*, I, 2, 2 : splendor
domesticus tibi animos tollit ; 2, 3 : illa te magis extollunt. —
21 *uerum, ut opinor* : *Inu.*, I, 2, 2 ; 9, 4 ; 2, 3 ; II, 3, 9. —
paelex : *Inu.*, I, 2, 2.

20 piguit : puduit CORR., coll. V, 14 ‖ uetus *M* : ueteris ω
ALD. eius BAITER, JORD., *locus dubius* ‖ sis *om.* H H^b EP ‖
fuerat : -rit H^a BT fuit A ‖ comesto JORD. ex DIOM. : comesso
V commesso M commisso H comeso AH^bEP commeso H^aBT ‖
quisquam *om.* H^b, quispiam *M*.
VIII. hercules A hercle H^a hercule V ‖ tui HEM : tibi uel tui
H^a tibi *cett.*
21 totidem : tantum HP tantundem M ALD. idem JORD. ‖
quot : quod H^aBEV, JORD. quantum HMP tantidem... quanti
uett. ‖ decet : debet H^b ‖ parat. is JORD. : parat EP paratus
est is V ω ALD. paratus *cett.* ‖ qui *in ras* H^a : quod A ‖ uerum :
ueritatem HMP.

les tables [1], le mignon dans ta jeunesse [2] de tous les lits, et plus tard l'adultère, tu es la honte de chaque ordre, et l'évocation de la guerre civile. 22 Qu'avons-nous en effet pu supporter de plus pénible que de te voir siéger, sain et sauf, dans cette assemblée ? Cesse de poursuivre de tes grossières insultes les bons citoyens, cesse tes attaques maladives [*], cesse de juger chacun de nous d'après tes mœurs à toi. Avec de telles mœurs tu ne peux te faire un ami ; on dirait que tu veux avoir un ennemi. Je vais terminer, Messieurs. J'ai souvent vu en effet que les auditeurs s'en prennent davantage à ceux qui dénoncent publiquement les scandales d'autrui qu'à ceux-là mêmes qui les ont commis. Pour ma part, il me faut tenir compte non de ce que Salluste doit justement entendre, mais de ce que je puis dire sans toutefois braver l'honnêteté.

VIII, 21, 1. *assecula* ou *assecla* (*ad-*) : glosé παράσιτος, mot masculin en -*a* de type populaire, souvent employé au sens péjoratif.; cf. P. F., 20, 24 L, *aquarioli dicebantur mulierum impudicarum sordidi adseculae.*

2. *in aetate* : emploi sans épithète au sens de *prima aetas*, v. note de la p. 62 — *paelex* : opposé à *postea adulter*, désigne ici le « mignon », cf. Suét., *Cés.*, 49 ; Mart., XII, 96, 3.

§ 22 : *morbo procacitatis* ; cf. le début de l'Invective contre Cicéron : *si te scirem iudicio magis quam morbo animi petulantia ista uti.*

L'Invective se termine sur une antithèse *debeat audire... effari possim*, sententia de type classique.

assecula, omnium cubiculorum in aetate paelex et
idem postea adulter, omnis ordinis turpitudo es et
ciuilis belli memoria. 22 Quid enim hoc grauius pati
potuimus, quam quod te incolumem in hoc ordine
uidemus ? Desine bonos petulantissime consectari,
desine morbo procacitatis isto uti, desine unumquem-
que moribus tuis aestimare. His moribus amicum tibi
efficere non potes ; uideris uelle inimicum habere.
Finem dicendi faciam, patres conscripti. Saepe enim
uidi grauius offendere animos auditorum eos qui
aliena flagitia aperte dixerunt, quam eos qui commiserunt. Mihi quidem ratio habenda est, non quae
Sallustius merito debeat audire, sed ut ea dicam, si
qua ego honeste effari possim.

22 *petulantissime* : *Inu.*, I, 1, 1 : morbo animi petulantia
ista uti ; 4, 7 : petulantissimis uerbis laedis ; Cɪᴄ., *Sest.*, 110 :
petulantissime insectare — *morbo procacitatis* : cf. supra, I, 1.
— *qua ego honeste effari* : *Inu.*, I, 3, 5 : quae honeste nominari non possunt ; *Ep. ad Caes.*, II, 2, 9 : quae honeste nominari nequeant ; Cɪᴄ., *Phil.*, II, 19, 47 : quae honeste non
possum dicere

assecula *ATM* ; ascla *Hᵃ* asseda *V* adsecla *cett.* ‖ in prima
aetate *B* ‖ omnis *A* : om *H*, *del.* Jᴏʀᴅ. ‖ ordinis om. *A* ‖ et
BM, Aʟᴅ. ; *om. cett.*
22 bonos petulantissime consectari *Hᵃ*, cod. *Pithoei* : p.
consectari bonos *A* b. petulantissimis uerbis c. *Hᵇ* b. petulan-
tissima consectari (consertari *B*) lingua *cett.* (*etiam H*), Aʟᴅ.
b. petulantissime <conuiciis> consectari Sᴛᴀɴɢʟ ‖ amicum
tibi : te amicum tibi *E* tibi amicum *Hᵇ* tibi om. *BM* ‖ efficere :
facere *Hᵇ* ‖ uelle : malle *A* ‖ animum *Hᵇ* ‖ aperte : apte *HHᵃT* ‖
commiserunt : -rant *H*, *fortasse recte* ‖ non quae : *AHᵃBV*
non ut quae *Hᵇ* non qu *H* non que (*i. e.* quem) *P* non quam
M neque *T* numquam *E* ‖ honeste ego *Hᵃ* ‖ possim : possum
HᵇEV, Jᴏʀᴅ.
salustii in ciceronem *subscr. in Hᵃ* ; *nihil in ceteris.*

COMMENTAIRE

Epistula I

I, 1. *optinebat* : sur l'emploi absolu du verbe, v. Kühner-Stegmann, *Ausf. Gramm. d. lat. Spr.*, II, 1, 94, et l'exemple de Varron, *R. R.*, II, 1, 9 : *non ipsos quoque fuisse pastores obtinebit* (« ne sera-t-il pas admis que »), *quod Parilibus potissimum condidere urbem ?*

2. *fortunam* : cf. *Thes. L. L:* s. u. *fortuna*, col. 1181. Pacuvius, frg. XIV, 366 ; Klotz, *Trag. Frg.*

3. *per mortaleis* : sur cet emploi de *per* au lieu de *ab*, voir Kühner-Stegmann, II, 1, p. 378, *Anm.* 8 ; il y en a quelques exemples à l'époque classique, e. g. Cic., *ad Att.*, X, 4, 4 : *quis potest aut deserta per se* (pour éviter l'hiatus *deserta a se*) *patria aut oppressa beatus esse ?* L'usage de *per* se répand sous l'Empire et se généralise à basse époque.

4. *per libidinem* : autre emploi fréquent de *per* avec un nom abstrait, cf. *per inertiam*, II, 9, 3 ; *per iniuriam*, I, 2, 2,; *per summum scelus*, I, 4, 1 ; *per otium*, I, 4, 4 ; *per seruitium*, II, 3, 5 ; *per socordiam*, II, 12, 6 ; *per uirtutem*, II, 7, 5 ; 10, 5 ; et *Catil.*, 20, 2, 9 ; *Iug.*, 2, 4.

2. 1. *Appius* : Appius Claudius Caecus (consul en 307 et 296 av. J.-C.), qui, en dehors de son activité politique, a publié certains ouvrages dont un recueil de *Sententiae*, cf. Morel, *Fgm. poet. Lat.*, n° 3 ; Schanz-Hosius, *Gesch. d. röm. Lit.*, I, p. 40.

3. 1. *haberei* : même emploi de *habere*, au sens de *curare, colere, seruare, tractare, Cat.*, 11, 5 ; *Iug.*, 113, 5 ; *Thes. L. L.* s. u., col. 2440, V, 15 sqq. ; (surtout 50 sqq.), 244.

5. 1. *imperitant* : sur ces fréquentatifs, *agito, consulto*, etc., cf. I, 1, 6 ; II, 5, 5 ; 11, 7 ; *Iug.*, 19, 7 ; 76, 1 ; 102, 6.

7. 1. *componere* : cf. infra § 10 *composuereis* ; 3, 1 ; 7, 1.

2. *aliorum pace* : = *quam alii pacem*. — Pour le zeugma, cf. *Iug.*, 46, 8 *pacem an bellum gerens* (*gerere* ne convient pas à *pacem*, on dit *p. agere*).

8. 1. *euadendum* : cf. *Iug.*, 30, 6 *inter uirgulta euaaere*.

2. *multo multoque* : ce redoublement intensif est suspect. Lire *multo <maius> multoque ?*

3. *bonis artibus* : cf. *Cat.*, 10, 4 ; *Iug.*, 4, 7.

9. 1. *magna mediocri* : sur ce couple en asyndète, v. Schmalz-Leumann-Hofmann, *Lat. Gramm.*, p. 846.

II, 1. *constituas* : sur cet emploi sans complément, v. *Thes. L. L. s. u.*, col. 520, 82 sqq.

2. *bellum tibi fuit* : cette phrase situe la lettre après la fin de la guerre civile (cf. aussi IV, 1 *tibi uictori*). On a d'abord pensé à la dater d'après la victoire de Pharsale et 1a mort de Pompée, mais la guerre s'est poursuivie après ces événements et n'a pris fin qu'avec la victoire en Espagne (46).

3. *per suam iniuriam* :« à cause de l'injustice qu'ils avaient subie ». Phrase qui désigne sans doute les adversaires de César qui s'étaient crus lésés par lui, comme C. Calpurnius Pison et Q. Catulus, cf. Sall., *Cat.*, 49.

3. 1. *particeps dominationis* : cf. César, *B. C.*, IV, 4 : *ipse Pompeius, ab inimicis Caesaris incitatus, et quod neminem dignitate secum exaequari uolebat.* Lucain, *B. C.*, I, 125 : *Nec quemquam iam ferre potest Caesarue priorem| Pompeiusue parem.*

6. 1. *creditum condonarei* : cf. *Thes. L. L.* sous *condono*, col. 156, 74 sqq. — Sur la politique de César, v. Suét., *Cés.*, ch. 42 « A l'égard des dettes, dissipant ces espérances d'abolition que l'on réveillait souvent (en particulier en 48 et 47 ; cf. Dion Cass., XLII, 23 et 32), il décida, pour en finir, que les débiteurs s'acquitteraient envers leurs créanciers en estimant leurs propriétés au prix que chacune d'elles leur avait coûté avant la guerre civile et en déduisant du chiffre de leurs dettes ce qu'ils auraient payé à titre d'intérêts, soit en argent soit en valeurs ; ces dispositions réduisaient les créances d'environ un quart. » (Trad. Ailloud).

2. *defluxere* : cf. Cic., *Sest.*, 69 *ex nouem tribunis... unus me absente defluxit.*

7. 1. *immane dictust* : cf. *Thes. L. L. s. u. immanis* col. 441, 49 ; Sall., *Hist. frg.*, 2, 44 ; *immane quantum* comme *immensum quantum Thes.*, col. 453, 68.

2. *quanti et quam multi mortales* : cf. Cic., *Ad fam.*, VII, 3, 2 : *primum neque magnas copias nec bellicosas : deinde, extra ducem paucosque praeterea (de principibus loquor) reliquos primum in ipso bello rapaces... maximum autem aes alienum amplissimorum uirorum.*

III, 2. 1. *Neque quemquam... reccidat* : sur ce lieu commun, v. Cicéron, *De off.*, II, 24 : *etenim qui se metui uolent, a quibus metuentur, eosdem metuant ipsi necesse est* ; et Ennius : *Quem metuunt oderunt ; quem quisque odit, periisse expetit* (A. Klotz, *Trag. fgm.*, XXXV, 379), Ovide, *Am.*, II, 2, 10.

IV, 1. *Domitium* : L. Domitius Ahenobarbus, fils de Cn. Domitius Ahenobarbus, préteur en Sicile en 97, consul en 94 ; exécuté à Rome en 82.

Carbonem : Gn. Papirius Carbo, tr. pl. en 96, consul en 85, 84, 82 ; s'enfuit en Afrique pour échapper à Sylla, mais fait prisonnier et mis à mort par Pompée ; cf. Cic., *ad Fam.*, IX, 21.

Brutum : M. Junius Brutus, père du conspirateur ; tr. pl. en 83, assiégé dans Modène en 77, se rendit à Pompée qui le fit mettre à mort. — Sur ces trois personnages, v. Valère Maxime, VI, 8, 2.

1. 2. *per summum scelus* : cf. I, 1.

uilla publica : édifice situé dans la partie méridionale du Champ de Mars appelée *prata Flaminia*, près du temple de Bellone. On y faisait les enrôlements et le cens ; on y logeait aussi les ambassadeurs étrangers qu'on ne voulait pas recevoir dans la ville, et les généraux qui demandaient le triomphe et qui ne pouvaient entrer à Rome avec leurs armes. — On voit ici qu'on y exécutait les condamnés à mort.

2, 1. *liberorum — puerorum* : expression maladroite ; par *liberi* il faut sans doute comprendre « les fils », *puerorum* « les jeunes enfants ».

2. *partam a te — captam a te* : cf. I, 3, *uirtute parta.*

3, 1. *profundae lubidini* : cf. *Iu.* 81, 1, *profunda auaritia* ; Cic., *Pis.*, 48, *profundae libidines* ; *Iun. in Sall.*, 5, 13, *immensae gulae.*

4, 1. *scorta aut conuiuia exercuerint* : autre exemple de zeugma ; le verbe ne s'appliquant qu'au complément le plus proche.

4, 2. *uoluptatis* : acc. pl. = *uoluptates*, sans doute archaïsme artificiel.

V, 1. *patenti uia... perges* : cf. infra ch., 8, 7 *siue hac, seu meliore alia uia perges.*

2, 1. *qua tempestate... fatum excidii aduentarit* : cf. Tite-Live, V. 33, 1, *aduentante fatali urbi clade.* Pour *qua tempestate*, cf. *ea tempestate, Cat.*, 17, 7 ; 22, 1 ; 36, 4 ; *Iug.*, 3, 1 ; 8 ; 1, etc. L'archaïsme ici souligne la solennité de la prophétie, qui contraste avec le prosaïsme : *id ita eueniet.*

4, 1. *dempseris* : cf. infra 7, 3 ; *Ep.*, II, 7, 10 ; *ademeris Ep.*, II, 8, 5.

5, 1. *pudorem... pro socordia aestiment* : *Cat.*, 12, 3, *innocentia pro maleuolentia duci coepit.*

6, 1. *aec conquirit* : texte corrompu, le sens suggère : *et res nouas ueteribus nec<lectis> concupiscit*, comme l'a proposé Kurfess ; mais la faute demeure inexpliquée.

7, 2. *fenerator* : cf. *Cat.*, 33, 1, *crudelitate feneratorum... saeuitia feneratorum.* — Sur la politique suivie par César pour s'attacher la jeunesse, cf. Suét., *Cés.*, 27, 3 : « En outre les accusés, les gens perdus de dettes, les jeunes prodigues trouvaient en lui leur unique soutien, toujours à leur disposition, à moins que le poids de leurs fautes, de leur misère ou de leurs

désordres ne les accablât trop lourdement pour qu'il pût les
secourir, dans ce cas, il leur disait sans ambages « qu'ils
avaient besoin d'une guerre civile. » (Trad. Ailloud).

VI, 1. *Atque ego* : cf. *Ep.*, II, 12, 5, *atque ego te oro...*
aspera : cf. § 3 et I, 1, 8 ; 6, 3 ; *Ep.*, II, 1, 1. — 3, 1 : cf. infra
I, 8.

2. *eadem studia atque artes* : cf. infra § 4 ; le mot est
souvent employé, cf. *Ep.*, II, 5, 6 (*Cat.*, 9, 3 ; *Iug.*, 2, 4) ;
bonae artes, I, 1, 9 ; II, 7, 4 ; 13, 2 (*Cat.*, 10, 4 ; *Iug.*, 4, 7 ;
28, 5) ; II, 1, 3 (*Cat.*, 3, 4 ; 13, 5) ; *Iug.*, 85, 43.

2, 1. Cf. Arist., *Polit.*, VI, 15 : τέλος γὰρ... εἰρήνη μὲν
πολέμου, σχολὴ δ' ἀσχολίας.

VII, 1. *componenda* : cf. supra, I, 7, 10.

2. *attingere* : cf. supra, I, 4, 4 ; infra, I, 7, 4.

2, 1. *pleps... corrupta* : cf. Suét., *Cés.*, 38, cité plus
bas, VIII, 6. — Toutefois après cette distribution générale,
César « sur 300.000 plébéiens qui recevaient du blé de l'État,
en retrancha environ 150.000 » (Suét., *Cés.*, 41, 5).

2. *negotia* : le mot a ici le sens d'« occupation, travaux »
comme *Ep.*, II, 5, 8 ; souvent c'est l'équivalent de *res* ; cf. II,
2, 2... *admonendum te de negotiis urbanis* ; cf. Fighiera, *La
lingua e la gramm. di C. Sallustio*, (Savone, 1900), comme souvent dans le langage familier.

3. *ab malo publico* : cf. *Cat.*, 37, 7 *Praeterea iuuentus...
urbanum otium ingrato labori praetulerat. Eos atque alios
omnis malum publicum alebat* ; *Epist.*, II, 5, 8.

4, 1. *nam saepe... e. q. s.* ; même pensée à peu près dans les
mêmes termes, *Ep.*, II, 7, 5 : *saepe iam audiui qui reges... per
opulentiam magna imperia amiserint quae per uirtutem inopes
ceperant.*

5, 1. *extollere sese* : cf. *Ep.*, II, 13, 7 (*Cat.*, 7, 1) ;
II, 3, 3, *suos ad honorem extollunt* (*Iug.*, 65, 5). — *animos tollit,
Inu.*, I, 2, 2 ; II, 8, 20 ;

2. *indulgens non adsentando neque concupita praebendo...
gratificans, sed... exercitando* : phrase lourde et de construction
maladroite et ambiguë.

VIII, 2, 1. *uentrem onerare* : cf. *Iug.*, 76, 6, *uino et epulis
onerati.* — *animum quem dominari decebat* : cf. *Cat.*, 1, 2,
animi imperio, corporis seruitio magis utimur.

3, 1. *imprudentia* : pour l'emploi de l'abstrait, *Iug.*, 41, 9,
*auaritia... nihil pensi neque sancti habere, quoad semet ipsa
praecipitauit.*
alia uolgo copienda : cf. supra, I, 1, *quae per mortaleis
auide cupiuntur.*

5, 1. *idem omnia uastant* : cf. César, *B. C.*, III, 32, 4 :
Erat plena lictorum et imperiorum prouincia, differta praefectis

*atque exactoribus, qui praeter imperatas pecunias suo etiam
priuato compendio seruiebant* : *dictitabant enim se domo patria-
que expulsos omnibus necessariis egere rebus, ut honesta prae-
scriptione rem turpissimam tegerent.*

6, 1. *frumentum id... stipendiis emeritis* : cf. Suét., *Cés.*,
38, 1 : « Les vétérans de ses anciennes légions, en plus des
deux mille sesterces qu'il leur avait comptés à chacun au début
des troubles civils, en reçurent vingt-quatre mille à titre de
butin. Il leur assigna aussi des terres (avant la guerre d'Afrique en 47, cf. Dion Cass., XLII, 54), mais non contiguës, afin
de n'exproprier personne. Quant au peuple, il lui fit distribuer
non seulement dix boisseaux de blé par tête et autant de
livres d'huile, mais encore trois cents sesterces par personne
qu'il avait promis autrefois, et il en ajouta cent autres pour
compenser le retard. » (Trad. Ailloud)

Epist. II.

I, 1. *consultorum* : « conseiller » ; cf. *Iug.*, 85, 47 ; 103, 7 ;
or. *Macri*, 15 ; or. *Phil.*, 1 ; *Hist. frg.*, 1, 74. Cf. *Thes.*, s. u.

3, 1. *capessere* : cf. *Thes.*, s. u. col., 311, 31 sqq.

2. *cognitum habuerim* : cf. plus § 4 *dum... acciderit* ; on
attendrait, normalement, *haberem, accideret* ; le parfait insiste
sur la notion d'achèvement, déjà marquée par la périphrase
verbale *cognitum habeo.*

4, 1. *quoius rei lubet* : même tmèse archaïsante dans *Cat.*,
5, 4 : *cuius rei lubet simulator ac dissimulator.*

6, 1. *per ceteros mortalis* : texte douteux ; *ceteros* ne s'explique pas : emploi maladroit d'une formule ? Les anciens éditeurs ont proposé : *per deos immortalis.* — *munificentiam* :
on attendrait plutôt *magnificentiam* ; mais la confusion est
fréquente.

II, 1. *mihi decretum est* : synonyme emphatique de *mihi cer-
tum est* ; cf. *Thes.* s. u. *decerno*, col. 144, 33 sqq. (*Cat.*, 35, 2).

2, 1. *negotiis* = *rebus,* cf. *Ep.*, I, 7, 2.

3, 1. *contra aduersum consulem* : sans doute L. Lentulus
consul en 49 avec C. Marcellus, qui enjoignit à César de se
démettre de ses pouvoirs en Gaule pour les passer à L. Domitius Ahenobarbus et à Marcus Servilius Novianus ; cf. César,
B. G., VIII, 50, 4 ; *B. C.*, I, 9, 4.

3 : 1 *a principio... disturbauit* e. q. s. : sur cette politique
suivie par César, v. Suét., *Cés.*, ch. 9 et s. — *in libertatem
restituit* : *ibid.* ch. 16. — *in praetura* : ch. 14, son attitude dans le
procès intenté aux complices de Catilina lui valut d'être
menacé de mort par un groupe de chevaliers romains.

2. *uera* : cf. infra, 4, 5 ; 13, 8.

III, 3, 1. *animi prauitate* : cf. *Inu.*, I, 1 : *morbo animi.*

2. *hostibus... tela iaceret* : allusion sans doute aux armées levées en Orient, dénombrées par César, *B. C.*, III, 3, et que mentionne Lucain, *Bel. ciu.*, III, 169-297.

2, 1. *summam potestatem moderandi... senatoribus paucis tradidit* : en violation de la *lex Hortensia de plebiscitis*, cf. entre autres Aulu-Gelle, *N. A.*, XV, 27, 4 et César, *B. C.*, III, 1. — *in seruitute reliquit* : cf. infra, V, 5.

3, 1. *iudicia... tribus ordinibus tradita sunt* : Pompée avait bien rétabli la tradition qui répartissait les pouvoirs judiciaires entre les trois ordres, et que Sylla avait supprimée au profit des seuls sénateurs, mais en laissant aux sénateurs la plus grande part ; cf. Plutarque, *Pompée*, ch. 32 (Amyot).

IV, 1, 1. *paucis interfectis* : ce jugement trop bienveillant sur les massacres et les proscriptions ordonnés par le dictateur n'est là que pour faire ressortir la cruauté de Pompée. Sur Sylla, v. entre autres Plutarque, *Sul.*, ch. 63 sqq. (trad. Amyot).

2, 1. *At hercule M. Catoni e. q. s.* : le texte de cette phrase est altéré dans le Vaticanus ; mais les corrections proposées sont toutes incertaines : on ne sait rien du massacre des quarante sénateurs et des jeunes gens dont l'histoire n'a gardé aucune trace. — La mention des 40 sénateurs que Sylla, selon Appien, I, 95, 442, fit périr, est sans rapport avec ce passage.

M. Catoni : M. Porcius Caton ; *L. Domitio* : L. Domitius Ahenobarbus : tous deux mentionnés plus bas, II, 9, 2 et 3. Avec la correction d'Orelli, *Catoni, Domitio* doivent s'interpréter comme des datifs compléments du passif *mactati sunt*. Mais la phrase n'en est pas plus claire : « The second Suasoria contains sundry peculiar items difficult to explain, or explain away. For example, the forty senators who were « massacred » by Cato and Domitius... » (Ronald Syme, *Mus. Helv.*, 15, 1958, p. 50).

2. *dignitate* : allusion sans doute à la censure d'Appius Claudius, sous laquelle Salluste fut chassé du Sénat et se vit enlever la questure à cause de son inconduite.

3. *ciuitate* : par la condamnation à l'exil, comme Milon (52 av. J.-C.).

4. *quin... euersum irent* : pour cet emploi de *ire* avec l'accusatif du supin, cf. *Iug.*, 68, 1 ; 85, 42 ; *Or. Lep.*, 20 et *Thes. L. L.*, sous *eo*, V, 648, 28 sqq. — Pour la construction de *euertere*, *Thes. s. u.*, 1028, 56 sqq.

5, 1. *quae mens suppetit* : emploi rare de *suppeto* transitif, comme *suppedito* ; pour l'emploi intransitif, cf. *Cat.*, 16, 3 : *si causa peccandi in praesens minus suppetebat.*

V, 2, 1. *secessio fuit* : *Cat.*, 33, 3, *saepe ipsa plebs, aut dominandi studio permota aut superbia magistratuum, armata a patribus secessit.*

8. 1. *plebs — desinet* : cf. *Ep.*, I, 7, 2, *prouideas uti pleps... habeat negotia sua quibus ab malo publico detineatur.*

VI, 3, 1. *M. Druso* : M. Livius Drusus tr. pl. en 91 av. J. C. ; très attaché au parti de la noblesse, il s'attira l'hostilité de l'ordre des chevaliers pour avoir voulu rendre aux sénateurs le droit de jugement réservé aux *equites* ; et, d'autre part, il fut combattu par les patriciens pour avoir proposé d'accorder le droit de cité aux Italiens. Il fut assassiné, dit-on, par Q. Varius Hybrida au moment où il rentrait du forum. Cf. Cicéron, *Mil.*, 16 ; *pro Clu.*, 153 ; *De or.*, I, 29 ; Velleius Paterculus, 2, 13 : *qui* (= Drusus) *in iis ipsis quae pro senatu moliebatur, senatum habuit aduersarium, non intelligentem, si qua de plebis commodis ab eo agerentur, uelut inescandae illiciendaeque multitudinis causa fieri, ut minoribus perceptis maiora permitterent.*

VII, 1, 1. La pensée exprimée dans cette première phrase est, dans sa concision, peu claire. L'auteur semble vouloir opposer le *strenuo homini* aux *bonis* ; le *strenuus homo* est capable de se battre ; aux *boni* est réservé le sens politique : de là résulte la nécessité pour un chef d'encourager les *boni mores*.

5, 1. *saepe iam audiui* : cf. *Ep.*, I, 7, 4.

6, 1. *aestuat* : cf. *Iug.*, 93, 2 : *quae cum multos dies noctisque aestuans agitaret.* — *multaque in pectore uoluit* : Cf. Virg., *Aen.*, I, 305 : *At pius Aeneas Per noctem plurima uoluens.*

11. 1. *sed de magistratu facile populi iudicium fit* : la phrase est obscure, et les idées s'enchaînent mal : il semble que l'auteur oppose au *populus* le choix des juges confié à un seul, *regnum*, ou déterminé par l'argent, *inhonestum*.

12, 1. *Rhodios* : exemple classique, qu'utilise Cicéron, *De r. p.*, III, 48 : Scip. *Quid ? Tibi tandem Spuri Rhodiorum, apud quos nuper fuimus una, nullane uidetur esse res publica ?* — Mvmm. *Mihi uero uidetur, et minime quidem uituperanda.* — Scip. *Recte dicis, sed, si meministi, omnes erant idem tum de plebe tum senatores, uicissitudinesque habebant quibus mensibus populari munere fungerentur, quibus senatorio ; utrubique autem conuenticium accipiebant, et in theatro et in curia res capitalis et reliquas omnis iudicabant idem ; tantum poterat tantique erat quanti multitudo <senatus>.*

VIII, 1, 1. *C. Gracchus* : C. Sempronius Gracchus tr. pl., 123 av. J.-C. Sur cette proposition de loi qui comportait la réforme des comices centuriates, v. P. W., II, 2, 1392, 44 ;

il ne semble pas qu'elle ait été appliquée : « ist nicht zur An-
nahme gelangt » — Pour la réforme de César, v. Suét., *Cés.*,
40, 2 : « Il partagea avec le peuple le droit d'élire les magistrats
en décidant que, sauf pour les candidats au consulat, une
moitié des élus serait prise parmi les candidats choisis par le
peuple, l'autre moitié parmi ceux que lui-même aurait dési-
gnés » (Tr. Ailloud) ; *Ibid.*, 76, 5 : « ...il fit entrer au Sénat
des gens gratifiés du droit de cité et des Gaulois à demi barbares », et ch. 80, où Suét. mentionne à ce propos les placards
satiriques qu'on affichait en ville, et les couplets que l'on chan-
tait :

> *Gallos Caesar in triumphum durit, idem in curiam :*
> *Galli bracas deposuerunt, latum clauom sumpserunt.*

2, 1. La leçon *coaequatur* donnée par le *Vaticanus* et acceptée par tous les éditeurs me paraît peu défendable, et j'ai proposé de lire *coaequata*, de façon à lier les deux membres de
phrase *coaequata — properabit.*

IX, 1. *M. Bibuli* : M. Calpurnius Bibulus : cf. *Inu.*, I, 4, 7 ;
Inu., II, 4, 12 — Élu consul en 59 avec César, il entra à propos
de la loi agraire en conflit avec son collègue qui le fit expulser
du Sénat par la force (*armis*) ; n'ayant rencontré aucun appui
au Sénat, il se cloîtra dans sa maison jusqu'à sa sortie de
charge, se contentant de manifester son opposition par des
édits, cf. Suét., *Cés.*, 20, 3-4 ; Cic., *Brutus*, 77, 267, fait son
éloge, *cum praesertim orator non esset,* mais sa passivité lui
valut d'être chansonné :

> *Non Bibulo quiddam nuper, sed Caesare factum est :*
> *Nam Bibulo fieri consule nil memini.*

(Suét., ibid.).

2. *L. Domiti* : L. Domitius Ahenobarbus consul en 54, com-
battit du côté de Pompée dans la guerre civile ; battu et fait
prisonnier à Corfinium, puis relâché par César, il fut tué à
Pharsale. Cicéron fait un éloge mitigé de son éloquence,
Brut., 267 : *L. Domitius nulla ille quidem arte, sed Latine quidem et multa cum libertate dicebat.* — Mais ses prétentions le
rendaient ridicule : cf. Caelius ap. Cic., *ad fam.*, VIII, 14, 1 :
*numquam tibi oculi doluissent, si in repulsa Domiti uultum
uidisses* ; Id., *ibid.*, VIII, 1, 4 ; 12, 1 ; 15, 2 ; et Suét.,
Nero, 2, qui rapporte ce mot de l'orateur Licinius Crassus :
« Il ne faut pas s'étonner qu'il ait une barbe d'airain, puisqu'il
a une bouche de fer, un cœur de plomb ». — *Ibid.*, 4. « Homme
sans caractère et d'un naturel farouche, quand sa situation
fut désespérée, la crainte lui fit rechercher la mort, mais il fut
pris devant elle d'une si grande terreur que, regrettant d'avoir

bu du poison, il se fit vomir et affranchit son médecin qui, par précaution et à bon escient, avait atténué pour lui la violence du toxique » (Trad. AILLOUD). — Ce portrait injurieux de Domitius se retrouve dans l'*Invective contre Cic.*, 3, 5, appliqué à Cicéron lui-même ; le parallélisme est indéniable, sans qu'on puisse préciser lequel des deux auteurs a imité l'autre.

3, 1. *M. Catonis ingenium uersutum, loquax, callidum* : ce jugement plutôt malveillant ne correspond pas à celui que Salluste lui-même a porté sur Caton, dans *Cat.*, 54, où il le compare avec César. — Le *uersutum* est démenti par l'*integritas uitae, seueritas, constantia*, et les autres qualités que Sall. reconnaît à Caton. — L'épithète de *loquax* ne semble pas lui convenir non plus ; cf. SCHANZ-HOSIUS, *op. cit.*, I, p. 490 : *Cato als Redner*. — Cf. CIC., *pro Murena*, passim. Mais on sait que César avait composé un *Anticato*, qui devait réfuter les éloges que l'on faisait communément de Caton. Cf. LUCAIN, *B. C.*, I, 313 ;

Marcellusque loquax et nomina uana Catones

4, 1. *inertissimi nobiles... L. Postumii, M. Fauonii* : sur ces personnages secondaires, v. Ron. SYME, *op. cit.*, p. 31 sqq. qui, s'il accepte la qualification de *nobilis* pour Postumius, la dénie à Favonius (cf. Préface, p. 12).

X, 1, 1. *renouanda* : reprise du *renouata*, cf. supra 7, 2.
5, 1. *per uirtutem* : cf. *Epist.*, I, 1.
2. *defensat* : verbe rare, attesté seulement chez Plaute (*Ba.*, 443) avant Salluste ; mais Cicéron connaît *defensito*, cf. *Thes.*, s. u.
8, 1. *exercitabat* : cf. *Ep.*, I, 7, 5 : *exercitando*.

XI, 3, 1. *coaequari* : cf. supra, II, 8, 2.
5, 1. *si numero auctus* : sur cette réforme du Sénat, v. SUÉT., *Cés.*, 41, 1 : « Il compléta le Sénat, créa de nouveaux patriciens, augmenta le nombre des préteurs, des édiles, des questeurs, et même des magistrats inférieurs... » et la note du ch. 8, 1.

XII, 1. *Forsitan... desideres* : façon maladroite de devancer le désir prêté à César, de manière à pouvoir annoncer les réformes accomplies par le dictateur.
3, 1. *maximeque usui* : cf. infra, II, 13, 2.
5, 1. *Gallica gente subacta* : la lettre est donc supposée écrite en l'année 50 ou 51.
7, 1. *inuisier* : cette forme archaïque d'infinitif passif n'existe pas dans les œuvres authentiques de Salluste ; mais CATON a *peragier* (*Or. frg.* 108, PETER).

XIII, 1. *fama... uolitabit* sans doute réminiscence de l'épitaphe d'ENNIUS :

> *Nemo me lacrimis decoret nec funera fletu*
> *Faxit. Cur ? uolito uiuos per ora uirum.*

6, 1. *morbo aut fato* : expression obscure, dans laquelle certains ont cru voir une allusion à la maladie (l'épilepsie) ou à la mort de César. Il est plus naturel de voir dans *morbo* l'équivalent de *incuria* ou de *tabes* ; cf. supra, II, 12, 5 ; *tabescere uetustate* ; dans *fato* une allusion à un coup imprévu du destin.

2. *bona lubido* : alliance de mots recherchée et rare, la *lubido* étant le plus souvent prise au sens péjoratif, cf. *Epist.*, I, 1, 1 ; etc.

INVECTIVE CONTRE CICÉRON

2. *legis Plautiae iudicia* : la loi proposée par le tribun de la plèbe M. Plautius Siluanus en 89 édictait des peines sévères contre les perturbateurs de l'ordre public ; cf. CIC., *pro Cael.* 29, 70 : *quae lex... sedata illa flamma consulatus mei fumantis reliquias coniurationis extinxit* ; SALL., *Cat.*, 31, 4.

3, 3. *Tusculanam — Pompeianam* : toutefois, d'après CICÉRON lui-même, elles lui avaient coûté fort cher, et l'avaient réduit à s'abimer de dettes ; cf. *ad Att.*, II, 1, 11 : *Tusculanum et Pompeianum ualde me delectant, nisi quod me, illum ipsum uindicem aeris alieni, aere non Corinthio sed hoc circumforaneo obruerunt.* — *alius domum emebat* : là encore l'auteur de l'Invective semble accuser à tort Cicéron, s'il s'agit de la maison sur le Palatin que Cicéron a payée avec de l'argent emprunté sans intérêts à P. Sylla ; cf. AULU GELLE, *N. A.*, XII, 12 : *Nam cum emere uellet in Palatio domum et pecuniam in praesens non haberet, a P. Sulla qui tum reus erat, mutua sestertium uiciens tacita accepit. Ea res tamen, priusquam emeret, prodita est et in uolgus exiuit, obiectumque ei est quod pecuniam domus emendae causa a reo accepisset...* — Cicéron s'en tira par une plaisanterie.

4. *is aut domum tuam oppugnatum uenerat* : sur l'attentat projeté contre Cicéron par C. Cornelius et L. Varguntelus, v. SALLUSTE lui-même, *Cat.*, 28, et CICÉRON, *Sull.*, 18, 32.

I, 4, 1. *quantum patrimonii acceperis* : outre sa maison d'Arpinum et les terres qui l'entouraient, le père de Cicéron devait avoir assez de revenus pour faire donner à son fils une instruction assurée par les meilleurs maîtres, grecs et latins, à

Rome ou en Grèce. Sa femme Térentia lui apporta une dot
assez respectable. Mais le plus gros de sa fortune, qui devint
considérable, lui vint de ses succès au barreau et dans la vie
politique. Sans doute la vieille loi Cincia (204 av. J.-C.), qui
interdisait aux avocats de recevoir des honoraires, n'avait
jamais été abrogée, mais elle était restée lettre morte, et
tournée de mille façons : « épices » de toute nature, dons gra-
cieux, prêts sans intérêts et parfois à fonds perdus, inscriptions
sur les testaments. Sur la fortune de Cicéron, sa grandeur et ses
sources, v. Boissier, *o. c.*, p. 83-104 ; L. Laurand, *Cicéron*
(Paris 1937), p. 85-102 ; J. Carcopino, *Les secrets de la Correspondance de Cicéron* (Paris, l'Artisan du livre 1947), t. I,
p. 73-146 ; parmi les sources anciennes, Plutarque, *Vie de
Cicéron*, ch. VI, 3 et *passim*. Il faut noter, à l'honneur de Cicéron, que, contrairement à l'usage de beaucoup de proconsuls et
de propréteurs, et notamment de Salluste lui-même, il n'a pas
profité de son proconsulat en Cilicie (51 av. J.-C.) pour piller
sa province.

III, 4, 1. *ex M. Crassi familia* : cf. supra § 2. Il s'agit du
triumvir dont Plutarque a écrit la vie, en signalant sa réputation de vertu : « Si disent les Romains qu'il n'y avait que ce
seul vice d'avarice en Crassus, lequel offusquait plusieurs belles
vertus qui étaient en lui ; mais quant à moi, il me semble que ce
vice n'y était pas seul, mais que, y étant le plus fort, il cachait
et effaçait les autres » (Trad. Amyot). — Cf. aussi Velleius
Paterculus, II, 46, 2. Ses relations avec Cicéron avaient toujours été fort variables, ainsi Cicéron, dans une lettre de récon-
ciliation, célèbre sa volonté de lui être toujours resté fidèle
(*ad Fam.*, V, 8) ; *De me sic existimes ac tibi persuadeas uehementer uelim... ut primum forum attigerim, spectasse semper ut
tibi possem quam maxime esse coniunctus.*

IV, 7, 1. *Sed quid ago e. q. s.* : rappel ironique de la péroraison du *De domo*, 57, 144 : *Quocirca te, Capitoline, quem
propter beneficia populus Romanus Optimum, propter uim
Maximum nominauit, teque, Iuno Regina, et te, custos Vrbis,
Minerua, quae semper adiutrix consiliorum meorum, testis
laborum extitisti... teque Vesta mater...* — Cf. Quintilien dans
les *Loci similes.*
Italia umeris : cf. Cic., *post red. in Sen.*, 39 : *me... Italia
cuncta paene suis umeris reportauit.*
2. *Romule Arpinas* : « Romulus de province » comme « Tar-
tarin de Tarascon » ; cf. supra III, 4 : *homo nouus Arpinas.*
7, 3. *cui in ciuitate insidias fecisti, ei ancillaris* : allusion
obscure, qui semble s'appliquer à César, par opposition à la
phrase suivante, qui fait allusion à Pompée. Cf. peut-être l'atti-

tude menaçante de quelques chevaliers romains envers César, mentionnée par SALLUSTE, *Cat.*, 49, 4 : ... *usque eo ut nonnulli equites Romani*... *quo studium suum in rem publicam clarius esset, egredienti ex senatu Caesari gladio minitarentur.*

4. *quo auctore* : texte conjectural, qui s'appuie sur CICÉRON, *in Pison.*, 35 : *de me senatus ita decreuit, Cn. Pompeio auctore et eius sententiae principe, ut, si quis impedisset reditum meum, in hostium numero putaretur.* — Mais l'expression *eum insequeris* est obscure, et s'applique difficilement à Pompée en parlant de Cicéron ; cf. *ad Att.*, 8, III où Cicéron se rallie définitivement à la cause de Pompée ; I X, 11 A 2 où CIC. communique à Atticus la lettre qu'il a écrite à César pour essayer de le réconcilier avec Pompée... *sic me nunc Pompei dignitas uehementer mouet.* Jordan adopte un autre texte, qui n'est pas beaucoup plus clair : *cui in ciuitate insidias fecisti, ancillaris,* — *quo iure, cum de exsilio tuo Dyrrhachio redisti, eum sequeris ?* mais qui est plus près des manuscrits.

7, 5. *quos tyrannos appellabas* : sans doute les triumvirs, César, Crassus et Pompée.

6. *Vatinii causam agis* : questeur en 63, tribun en 59 ; personnage assez peu recommandable « *homo in quo deformitas corporis cum turpitudine certabat ingenii* » (VELL. PATERC., II, 69). En 56, en plaidant pour Sestius, CIC. avait fait contre Vatinius une attaque véhémente, dans *In P. Vatinium testem interrogatio* ; mais en 54, sur l'invitation des triumvirs, il le défendit contre une accusation de péculat. — *de Sestio male existimas* : plusieurs fois défendu par Cicéron, il fut attaqué par lui pour être passé dans le camp de César. — *Bibulum... laedis* : même variation d'attitude et de jugement sur Bibulus, que CICÉRON, *Phil.*, II, 10, 23 ; XI, 35, qualifie de *praestantissimo ciui, summi uiri.* Cf. *Ep. ad Caes.*, II, 9, 1. — *laudas Caesarem* : on sait quels éloges Cicéron a prodigués à César, notamment dans le *pro Marcello* où l'adulation dépasse la mesure, e. g. 2, 4 : *Nullius tantum flumen est ingeni, nulla dicendi aut scribendi tanta uis tantaque copia quae, non dicam exornare, sed enarrare, C. Caesar, res tuas gestas possit...* — Sur ces discours, v. SCHANZ-HOSIUS, *op. cit.*, I, 429 ; *pro P. Sestio*, 430 *in Vatinium interrogatio*, 438, *pro M. Marcello.*

7. *aliud stans aliud sedens* : allusion à la coutume pour les sénateurs d'écouter assis les délibérations et de se lever pour se ranger autour de l'orateur dont ils partageaient l'avis : *pedibus ire in sententiam alicuius* ; cf. *Cat.*, 50, 4.

transfuga : cf. l'épithète αὐτόμολος que rapporte DION CASSIUS.

INVECTIVE CONTRE SALLUSTE

8, 1. *cuius... eguisti patrocinio* : nous n'avons aucun témoignage pour confirmer cette affirmation. — *rudimenta... uirtutis* : reflet de l'enseignement traditionnel donné d'après Cicéron dans les écoles sur la valeur éducative de l'éloquence. **2.** *desidiae ac luxuriae* : cf. *Ep. ad Caes.*, II, 8, 7 : *desidia et inertia.*

9, 1. *neque quicquam... turpius* : cf. supra *an turpius est...* 7 ; *turpe ducis* 8 ; *factum aut dictum turpe* 6, 16 ; *turpiter*, 2, 5 ; *turpissime*, 5, 14 ; *turpitudinis*, 2, 4 ; *ordinis turpitudo*, 8, 21. — Sur la vie familiale de Salluste nous sommes mal renseignés ; son mariage avec Térentia n'est attesté que par le témoignage tardif et suspect de saint JÉRÔME, *adu. Iou.*, I, 48. D'après TACITE, *Ann.*, 3, 30, il aurait adopté le petit-fils de sa sœur : *sororis nepotem in nomen adsciuit.*

15, 1. *adulterium* : accusation reprise plus bas, § 21. L'accusation d'adultère semble d'abord avoir été lancée par VARRON, au témoignage d'AULU-GELLE, *N. A.*, XVII, 18 ; *M. Varro, in litteris atque uita fide homo multa et grauis, in libro quem inscripsit* · *Pius aut de pace* » *C. Sallustium scriptorem seriae illius et seuerae orationis, in cuius* « *historia* » *notiones censorias fieri atque exerceri uidemus, in adulterio deprehensum ab Annio Milone loris bene caesum dixit et, cum dedisset pecuniam, dimissum.* Cf. PORPHYRION, *ad Hor. Serm.*, I, 2, 41, et la note de P. LEJAY, qui rappelle d'autres mésaventures de ce genre signalées par MARTIAL II, 47, 60, 83 ; III, 85 et VALÈRE MAXIME, VI, 1, 13 ; SERVIUS *Aen.*, VI, 612 : *Sallustium, quem Milo deprehensum sub serui habitu uerberauit in adulterio suae uxoris, filiae Sullae.* — La fréquence de cette accusation, aussi répandue que celle de la pédérastie, a fait douter de sa réalité ; mais LACTANCE, *Diu. Inst.*, II, 12, 2, a dénoncé, lui aussi, l'immoralité de Salluste qui lui valut d'être exclu du Sénat par le censeur Appius Claudius Pulcher.

16, 1. *Appii Claudi et L. Pisonis* : il s'agit d'Appius Claudius Pulcher censeur en l'an 50 et de L. Calpurnius Piso Frugi.

18, 1. *cilonum* : forme et sens peu sûrs. Peut-être faut-il lire avec Maurenbrecher *chilonum*, dérivé en -ō, -ōnis, du gr. χεῖλος (comme *cerdō* de χέρδ ς) « Chilo dicitur cognomento a magnitudine labrorum » (PAUL. FEST. L. 38, 4.) ; le mot désignerait selon le *Thes. L. L.* « ii qui labris obscaena agunt » (?). La forme *cilo* « sine aspiratione cui frons est eminentior ac dextra sinistraque uelut recisa uidetur » (ID. *Ibid.*) ne semble pas convenir.

2. *debitorum* : la leçon *deditorum* adoptée par KURFESS ne convient ni pour le sens ni pour la forme. *Deditor* n'est attesté que par un seul exemple tardif (Tertullien) et les allusions aux débiteurs sont trop fréquentes dans Salluste pour qu'il puisse y avoir de doute sur leur mention à cette place ; cf. Ps. Sall., *Ep. ad Caes.*, I, 2, 7 ; Sall., *Cat.*, 14, 2, 20, 13 ; 35, 3 et passim.

19, 1. *Non ita* e. q. s. : j'ai adopté le texte de Jordan de préférence à celui de Kurfess, dont la ponctuation : *Non ita : uastauit*, séparant *ita* de *ut*, me paraît inacceptable ; cf. *Inu.*, I, 1, 2 : *An non ita... uixisti ut* ; II, 2, 5 : *ita uiuere ut ego* ; *Ibid.*, 14, *ita discessit ut* : 17, *ita gessit ut,... ita egit ut.* De plus *non ita* ne se dit guère ; c'est *non ita est* qui est usité; cf. supra 14 *non ita est.* —

Sur les exactions commises par Salluste dans sa province, cf. Dion Cassius, XLIII, 2, 9. Mais c'est seulement ici qu'est mentionné le marché passé avec César pour éviter d'être traduit en justice dans une *actio repetundarum.*

2. *reluere* : verbe rare de sens technique : dégager un objet engagé, cf. Festus, 352, 1 L. : *reluere : resoluere, repignerare. Caecilius in Carine* (105) : *ut aurum et uestem, quod matris fuit | reluat, quod uiua ipsi opposiuit pignori.*

VII, 19, 3. *hortos pretiosissimos* : cf. Tac., *Ann.*, XIII, 47 ; *Hist.*, 3, 82.

4. *uillam Tiburti* : v. H. Jordan, *Herm.*, 11 (1876), 325, qui élimine *Tiburti* comme une glose, et met en doute la réalité de l'achat des autres propriétés de César.

INDEX NOMINVM

Epistvlae

Appius *v*. Claudius

Bibulus *v*. Calpurnius
Brutus *v*. Iunius

Caesar *v*. Iulius
M. Calpurnius Bibulus II 9, 1
Carbo *v*. Papirius
Cato *v*. Porcius
Ap. Claudius Caecus I 1, 2
L. Cornelius Sulla II 4, 1

Cn. Domitius Ahenobarbus
 I 4, 1
L. Domitius Ahenobarbus
 II 4, 2. 9, 2
Drusus *v*. Liuius

M. Fauonius II 9, 4

Gallica gens II 12, 5
Gracchus *v*. Sempronius
Graeci II 9, 3 (*bis*)

Italia I 8, 4
C. Iulius Caesar II 13, 1
M. Iunius Brutus I 4, 1

M. Liuius Drusus II 6, 3. 4

Cn. Papirius Carbo I 4, 1
Cn. Pompeius Magnus I 2,
 7. 4, 1 II 3, 1
M. Porcius Cato II 4, 2. 9,
 3
L. Postumius II 9, 4

Rhodii II 7, 12
Roma I 2, 6. 6, 2. plebs Romana I 4, 1 II 2, 4. 3, 2. populus Romanus II 4, 3. urbs
 Romana I 5, 2

C. Sempronius Gracchus II
 8, 1
Sulla *v*. Cornelius
Sullana uictoria I 4, 1

Invectivae

I = Sall. in Cic.,   II = Cic. in Sall.

Aemilii Pauli I 4, 7
Africa II 7, 19
Africanus *v*. Cornelius
Appius *v*. Claudius
Arpinas *Cicero uocatur* I 3, 4.
 4, 7

Bibulus *v*. Calpurnius

Caecilii Metelli II 2, 4
Caesar *v*. Iulius
M. Calpurnius Bibulus I 4,
 7 II 4, 12

L. Calpurnius Piso Frugi
 II 6, 16
Cicero *v*. Tullius
Appius Claudius Caecus II 6,
 16
P. Cornelius Scipio Africanus
 I 1, 1
Cornelii Scipiones I 4, 7 II
 2, 4
L. Cornelius Sulla Felix I 3, 6
Crassus *v*. Licinius

Dyrrhachium I 4, 7

Fabii I 4, 7

Italia I 4, 7 II 6, 18
C. Iulius Caesar I 4, 7 II 4,
    12. 7, 19 (*bis*). 7, 20
Iuppiter Optimus Maximus
    I 4, 7

M. Licinius Crassus I 3, 4
P. Licinius Crassus Diues
    Lusitanicus I 2, 2 II 5, 14.
    7, 20.

Metelli *v.* Caecilii
Minerua I 4, 7

sacrilegium Nigidianum *i. e.*
    P. Nigidii Figuli II 5, 14

Pauli *v.* Aemilii
Piso *v.* Calpurnius, Pupius
Piso *v.* Calpurnius, Pupius
lex Plautia I 2, 3
Pompeiana uilla = Pompeia-
    num I 2, 3. 2, 4

lex Porcia I 3, 5
M. Pupius Piso Frugi I 1, 2

Roma I 3, 5 II 2, 7
populus Romanus I 1, 1 II 3,
    10 *bis*
Romulus *per ironiam Cicero*
    uocatur I 4, 7

C. Sallustius Crispus II 1, 1.
    1, 2. 2, 4 (*bis*). 2, 6. 3, 10. 5,
    13. 6, 15. 6, 17. 6, 18. 8,
    21. 8, 22.
Scipio *v.* Cornelius
P. Sestius I 4, 7 II 4, 12
Sulla *v.* Cornelius

Terentia *Ciceronis uxor* I 2, 3
Tibur II 7, 19
M. Tullius Cicero I 1, 1 (*bis*).
    1, 2. 2, 3. 3, 5. 3, 6
Tusculana uilla = Tuscula-
    num I 2, 3. 2, 4

P. Vatinius, I 4, 7 II 4, 12.